速成汉语初级教程

综合课本

①

主　　编　郭志良
副 主 编　杨惠元　高彦德
英文翻译　赵　娅
插　　图　张志忠

北京语言文化大学出版社

(京)新登字157号

图书在版编目(CIP)数据

速成汉语初级教程:综合课本(1)/郭志良主编.
—北京:北京语言文化大学出版社,1996
ISBN 7-5619-0483-5

Ⅰ.速…
Ⅱ.郭…
Ⅲ.对外汉语教学-教材
Ⅳ.H195.4

责任印制:乔学军
出版发行:北京语言文化大学出版社
  (北京海淀区学院路15号 邮政编码100083)
印　刷:北京市朝阳区北苑印刷厂
版　次:1996年8月第1版　1996年8月第1次印刷
开　本:787×1092毫米　1/16　印张:29
字　数:　　　　　　印数:1—10000册
定　价:58.50

前　言

　　《速成汉语初级教程·综合课本》是为短期班零起点的外国学生编写的初级汉语主体教材（也可供长期班零起点的外国学生使用），教学时间为一个学期（20周），要求学生基本达到国内基础汉语教学一学年所达到的汉语水平。

　　速成教学时间短，要求高，只有实行"强化＋科学化"的教学，才能成为最优化的教学。我们认为，速成教学总体构想应该是：以掌握话题内容为教学的最低目的，以掌握话题模式为教学的最高目的，以掌握语法、功能为实现教学目的的重要条件，以紧密结合语法、功能的形式多样的大量练习为实现教学目的的具体措施和根本保障。因此，本教材的总体构想是：以话题为中心，以语法、功能为暗线，以全方位的练习项目为练习主体。

　　教材具体安排如下：共编80课，语音教学贯彻始终。1～10课突出语音（声母、韵母、声调），不涉及语法和功能；11～80课侧重于语法和功能，兼顾语音（难音、难调、词重音、句重音、语调等）。

　　编写课文时，我们慎重筛选和安排话题。有关生活、学习、交际方面的内容先出，有关介绍中国国情、中国人的观念习俗的文化内容后出。其中，介绍中国国情的内容，以反映社会积极因素为主，但也有个别课文是反映社会消极因素的，目的在于避免脱离实际，防止产生误导效应。课文内容的确定，均受一定语法点的制约，但又不能捆得过死，注重语言的顺畅和趣味。篇幅逐渐加长，但最长的一般不超过500字。

　　共出生词3400多个（专名未计算在内）。注音，基本上以社科院语言研究所词典编辑室所编《现代汉语词典》为依据，极个别的参考了汉语水平等级标准研究小组所编《词汇等级大纲》。词性，主要参考冯志纯等主编《新编现代汉语多功能词典》。每课生词平均43个左右，只要求学生掌握本课重点词语。

　　语法点的选取主要依据汉语水平等级标准研究小组所编《语法等级大纲》。教材中涉及到的语法点，甲级的除少数外，全部出齐，乙级的出了大部分，丙级的也选取了一些。我们对少数语法点进行了调整，扩大了趋向补语、结果补语以及主谓谓语句的范围，增加了状态补语和物量补语。语法难点，分散出。对课文中出现的语法点，我们采取分别对待的处理办法：重点的，注释略多些；次重点的，注释从简；非重点的不注，如连动句、兼语句等。语法点，不是见一个注一个，基本上采取归纳法，并注意说明使用条件。

共选取100多个功能项目。这些功能项目都是学生最常用、最急用的。对这些功能项目也采取归纳法，而且是在逢五、逢十的课中归纳。所归纳的功能项目只具有提示作用，在句型、句式上不求全，教员上课时可根据教学实际情况适当补充。

我们所设计的练习项目是为教师备课、组织课堂教学、对学生进行技能训练服务的，说到底，是为提高学生的交际能力服务的。为此，我们采用了语音、词语、句型、功能、成段表达、篇章模式、阅读训练一条龙的练习方法。这些练习项目为帮助学生打好语音基础、实现从单句表达到成段表达的平稳过渡提供了可靠的保障。教员可根据教学实际情况适当增减。

我们的教材编写工作一直是在院领导的具体指导下，在校领导和国家对外汉语教学领导小组办公室的大力支持下，在院内同志的热情帮助下进行的。没有上上下下的通力合作，这套教材是编不出来的。

在教材编写过程中，我们召开过院内专家咨询会、校内专家咨询会，参加过合肥教材问题讨论会。与会专家对我们的教材初稿提出了许多宝贵意见，使我们的修改工作有了准绳。

在编写课文时，我们参考了校内外的有关教材，如韩鉴堂编《中国文化》、赵洪琴编《汉语写作》、刘德联等编《趣味汉语》、吴晓露主编《说汉语学文化》、潘兆明主编《汉语中级听力教程》、吕文珍主编《五彩的世界》等，从中受益匪浅。

在此，我们谨向有关领导、专家、同行和所有直接或间接帮助过我们的同志表示衷心的感谢。

限于水平，教材的缺点和错误在所难免，恳望使用者给予批评指正。

编者　　1995年12月

PREFACE

A Short Intensive Elementary Chinese Course is a main Chinese language course book designed for foreigners at elementary level in short term classes. It can, however, also be used for long term classes. The course covers one semester (20 weeks) in which time the student should reach the basic level it takes a foreign student one year to achieve while studying in China.

Although short term teaching time is limited, it demands a high standard of teaching. Only if the teaching is based on an Intensive and Methodical approach can excellent be achieved in a short term course. We believe that the basic principles underlying the conception of short term teaching should be: firstly, that the minimum teaching aim is the mastery of topic contents; secondly, that the maximum teaching aim is the mastery of topic paradigms; thirdly, that the most important condition for accomplishing the teaching aim is the mastery of grammar and functions; and lastly, that a large number of varied exercises combined closely with grammar and functions should be considered as a concrete and essential part of teaching. Thus, the overall design of the book takes the text as a core, grammar and functions as an underlying framework while a varied selection of exercises provide the main body of material.

The book consists of 80 texts and the teaching of pronunciation is pursued till the end of the course. Lessons 1 to 10 deal with pronunciation (vowels, initial consonants and tones) and not with grammar or functions. These are dealt with in Lessons 11 to 80 which also contain some pronunciation (difficult cases, tones, word stress, sentence stress and intonation).

While compiling the texts we selected and arranged topics carefully. Topics covering day-to-day life, studies and communication come first and are followed by topics centering on the situation in China and about the Chinese people's culture, concepts and customs. Concerning the latter, stress is laid on the positive aspects of the society, although some texts also reflect the more negative aspects. This is so as not to lose contact with reality which could lead to the misunderstanding. The content of the texts is necessarily restricted by grammar, but this should not imply a total confinement and the language should read smoothly and interestingly. The length of texts is extended progressively, the longest one nevertheless consisting of less than 500 words.

The course introduces more than 3400 words (excluding the proper nouns). Phonetic notations are almost all based on the **Contemporary Chinese Dictionary** edited by the Editorial Division of the Linguistic Research Institute of the Academy of Social Sciences and a handful come from **An Outline of Vocabulary Grades** edited by the Chinese Language Level Grading System Research Group. Parts of the speech are based mainly on **The Newly Compiled Modern Chinese Multiple Functional Dictionary** edited by Feng Zhichun and so on. Each text consists of about 43 items of vocabulary of which the student is required to master the main words and phrases.

Grammar points have been selected mainly according to **An Outline of Grammar Grades** edited by the Chinese Language Level Grading System Research Group. Except for the grammar on decimals all the items in the grading system that deal with basic grammar have been selected and most items dealing with less frequently used grammar have also been included. We have adjusted some of the grammar points, and extended the scope of others, such as the Complement of Direction, the Complement of Result and the Sentence with a Subject-Predicate Phrase as a Predicate. We have also added items on the Complement of State and the Complement of Numeral-Measure. We have dispersed difficult points among texts and dealt with the points of each lesson in different ways. More explanations are given to the important points, simplified explanations are given to the less important points and there are no explanations for the unimportant points such as the Sentence with Verbal Constructions in Series, the Pivotal Sentence and so on. The inductive method has been used mainly in explaining the points and attention has been given to explanations on how to use them in speech and writing.

More than 100 functional items have been incorporated, all of which are extremely useful and practical to students. These items have been summarised every fifth lesson although only in the form of notes. Sentence constructions have not been thoroughly perfected which allows for teachers' own supplementation according to their individual teaching practice.

The exercises have been designed to be used for teachers' class preparation and lesson plans as well as for student practice of different skills. In the long run they will help to improve students' communication skills. It is with this approach in mind that we have created a new series of exercises covering the following items: pronunciation, words and phrases, sentence constructions, functions, widening means of expression, composition writing, and reading exercises. These are the most essential items for the laying of a solid foundation in pronunciation and communication skills. The number of items may be increased or reduced according to teaching methods.

This book has been compiled from start to finish under the concrete guidance of our University leaders and with the full support of our University leadership and that of the Leading Group Office of Teaching Chinese Language to Foreigners in China, as well as with the warm help of the comrades in our University without whom this book could not have been published.

While compiling the course we consulted the experts of our University and attended the seminar in Hefei on teaching material issues. The experts in this seminar offered us many helpful suggestions which proved very useful to the drafting of this amendment.

While compiling the book we consulted many works and learned a lot from them. These works include: **Chinese Culture** edited by Han Jiantang, **Chinese Writing** edited by Zhao Hongqin, **Interesting Chinese** edited by Liu Delian and so on, **Speaking Chinese and Learning the Culture** compiled by the chief editor Wu Xiaolu, **A Course of Listening Comprehension of Intermediate Chinese** compiled by the chief editor Pan Zhaoming, **The Colorful World** compiled by the chief editor Lü Wenzhen.

We would hereby like to express our sincere thanks to those who have given us direct or indirect assistance.

In the event of errors having been overlooked, we earnestly invite the users of this book to put forward their criticism and suggestions.

Compilers
December, 1995

目 录　CONTENTS

词类简称表　Abbreviations …………………………… 15
发音器官　Organs of Speech …………………………… 16
汉字笔画表　Table of Strokes of Chinese Characters …… 17
汉字笔顺规则　Stroke Orders of Chinese Characters …… 18
课堂用语　Terms in Class ……………………………… 19
课文主要人物表　Main Characters in Texts …………… 24

第1课　Lesson 1 …………………………………………… 1
　①语　音　Phonetics ………………………………………… 1
　　1. 韵母　Vowels（36个）
　　2. 声母　Initial consonants（21个）
　　3. 声调示意图　Tone graph
　②生　词　New words ……………………………………… 2
　③课　文　《你好》
　　　Text　　Good morning ………………………………… 3
　④练　习　Exercises ………………………………………… 3
　　1. 韵母　Vowels
　　2. 声母　Initial consonants
　　3. 辨音　Distinguish the sounds
　　4. 朗读音节　Read the syllables aloud
　　5. 生词　New words
　　6. 课文　Text
　⑤注　释　Notes …………………………………………… 5
　　1. 汉语的音节　Chinese syllables
　　2. 声调　Tones
　　3. 调号　Tone marks

第2课　Lesson 2 …………………………………………… 8
　①语　音　Phonetics ………………………………………… 8
　　1. 韵母　Vowels　a o e i u ü

  2. 声母　Initial consonants　b p m f　d t n l
  3. 拼音　*Pinyin*
② 生 词　New words ·· 9
③ 课 文　《你们好》
  Text　　Good morning ······································ 10
④ 练 习　Exercises ·· 13
  1. 韵母　Vowels
  2. 声母　Initial consonants
  3. 音节　Syllables
  4. 生词　New words
  5. 课文　Text
  6. 汉字　Chinese characters
⑤ 注 释　Notes ·· 16
  1. a、o、u、ü
  2. b、p、f、d、t、l
  3. i、u、ü 自成音节时的写法　The ways of writing "i, u, ü"
   when used alone as syllables
⑥ 汉 字 表　Table of the stroke order of Chinese characters
  ·· 18

第3课　Lesson 3 ·· 19
① 语 音　Phonetics ·· 19
  1. 韵母　Vowels　ai ei ao ou ua uo uai uei (-ui)
  2. 声 母　Initial consonants　g k h
  3. 拼 音　*Pinyin*
② 生 词　New words ·· 19
③ 课 文　《老师好》
  Text　　Good morning, teacher ······················· 21
④ 练 习　Exercises ··· 23
  1. 韵母　Vowels

2. 声母　Initial consonants
　　3. 音节　Syllables
　　4. 生词　New words
　　5. 课文　Text
　　6. 汉字　Chinese characters
⑤注 释　Notes ································· 28
　　1. ai、ei、ao、ou
　　2. g、k、h
　　3. uei 前边加声母时的写法
　　　The way to write "uei" before which there is an initial consonant
　　4. ua、uo、uai、uei 自成音节时的写法
　　　The ways of writing "ua、uo、uai" and "uei" when used alone as syllables
⑥汉 字 表　Table of the stroke order of Chinese characters
·· 29

第4课　Lesson 4 ································· 31

①语 音　Phonetics ································· 31
　　1. 韵母　Vowels　an en ang eng ong uan uen (-un) uang ueng
　　2. 拼音　*Pinyin*
②生 词　New words ································· 32
③课 文　《你忙吗》
　　Text　Are you busy ································· 33
④练 习　Exercises ································· 36
　　1. 韵母　Vowels
　　2. 音节　Syllables
　　3. 生词　New words
　　4. 课文　Text
　　5. 汉字　Chinese characters

⑤ 注 释　Notes ·················· 43
 1. an、en、uan、uen；ang、eng、ong、uang、ueng
 2. uen 前边加声母时的写法
  The way to write "uen" before which there is an initial consonant
 3. uan、uen、uang、ueng 自成音节时的写法
  The ways of writing "uan、uen、uang" and "ueng" when used alone as syllables
⑥ 汉 字 表　Table of the stroke order of Chinese characters
················· 43

第5课　Lesson 5 ·················· 46

① 语 音　Phonetics ·················· 46
 1. 声母　Initial consonants　z c s
 2. 拼音　*Pinyin*
② 生 词　New words ·················· 47
③ 课 文　《你每天晚上做什么》
 Text　What do you do every evening ·········· 48
④ 练 习　Exercises ·················· 50
 1. 声母　Initial consonants
 2. 音节　Syllables
 3. 生词　New words
 4. 课文　Text
 5. 汉字　Chinese characters
⑤ 注 释　Notes ·················· 56
 1. z c s
 2. zi、ci、si 三个音节的韵母
  The vowel in the syllables of "zi, ci" and "si"
⑥ 汉 字 表　Table of the stroke order of Chinese characters
················· 57

第6课 Lesson 6 ·········· 60
① 语音　Phonetics ·········· 60
　1. 声母　Initial consonants　zh ch sh r
　2. 拼音　*Pinyin*
② 生词　New words ·········· 61
③ 课文　《我去书店》
　　Text　I want to go to a bookstore ·········· 62
④ 练习　Exercises ·········· 64
　1. 声母　Initial consonants
　2. 音节　Syllables
　3. 生词　New words
　4. 课文　Text
　5. 汉字　Chinese characters
⑤ 注释　Notes ·········· 70
　1. zh ch sh r
　2. zhi、chi、shi、ri 四个音节的韵母
　　 The vowel in the syllables of "zhi, chi, shi" and "ri"
⑥ 汉字表　Table of the stroke order of Chinese characters
　　·········· 71

第7课 Lesson 7 ·········· 73
① 语音　Phonetics ·········· 73
　1. 韵母　Vowels　ia ie iao iou(-iu) ian in iang ing iong
　2. 声母　Initial consonants　j q x
　3. 拼音　*Pinyin*
② 生词　New words ·········· 74
③ 课文　《你身体怎么样》
　　Text　How are you ·········· 75
④ 练习　Exercises ·········· 78
　1. 韵母　Vowels

  2. 声母 Initial consonants
  3. 音节 Syllables
  4. 生词 New words
  5. 课文 Text
  6. 汉字 Chinese characters

⑤ 注 释 Notes ·················· 83

  1. ia ie；iao iou；ian in；iang ing iong
  2. j q x
  3. ü 跟 j、q、x 相拼时的写法
   Ways of writing "ü" spelt with "j, q" and "x"
  4. iou 前边加声母时的写法
   The way to write "iou" before which there is an initial consonant
  5. ia、ie、iao、iou、ian、in、iang、ing、iong 自成音节时的写法
   Ways of writing "ia, ie, iao, iou, ian, in, iang, ing, iong" when used alone as syllables

⑥ 汉 字 表 Table of the stroke order of Chinese characters
  ·················· 85

第 8 课 Lesson 8 ·················· 88

① 语 音 Phonetics ·················· 88
  1. 韵母 Vowels üe üan ün er
  2. 拼音 *Pinyin*

② 生 词 New words ·················· 88

③ 课 文 《我们认识一下儿》
  Text Let's get to know each other ·················· 90

④ 练 习 Exercises ·················· 92
  1. 韵母 Vowels
  2. 音节 Syllables

    3. 生词　New words
    4. 课文　Text
    5. 汉字　Chinese characters
⑤注　释　Notes ··· 98
    1. üe；üan ün
    2. er
    3. 儿化韵母-r　Retroflex vowel "r"
    4. üe、üan、ün 自成音节时的写法
       Ways of writing "üe, üan" and "ün" when used alone as syllables
⑥汉 字 表　Table of the stroke order of Chinese characters
       ·· 99

第9课　Lesson 9 ··· 103

①生　词　New words ·· 103
②课　文　《明天你有空儿吗》
    Text　　Are you free tomorrow ·················· 104
③练　习　Exercises ·· 107
    1. 音节　Syllables
    2. 生词　New words
    3. 课文　Text
    4. 汉字　Chinese characters
④注　释　Notes ··· 112
    1. 第三声的变调　Changes of the third tone
    2. "一" 的变调　The tone changes of "一"
    3. "不" 的变调　The tone changes of "不"
    4. 轻声　Light tone
⑤汉 字 表　Table of the stroke order of Chinese characters
       ·· 115

第10课 Lesson 10 ·················· 118
①生 词　New words ··················· 118
②课 文　《你做什么呢》
　　Text　　What are you doing ········· 119
③练 习　Exercises ···················· 122
　1. 音节　Syllables
　3. 生词　New words
　4. 课文　Text
　5. 汉字　Chinese characters
④注 释　Notes ······················· 128
　1. 副词"不"　The adverb "不"
　2. 副词"都"　The adverb "都"
　3. 量词　Measure word
　4. 中国人的姓名　Names of Chinese people
⑤汉 字 表　Table of the stroke order of Chinese characters
　················· 129

第11课 Lesson 11 ·················· 132
①课 文　《海伦是谁》
　　Text　　Who is Helen ············ 132
②生 词　New words ··················· 137
③练 习　Exercises ···················· 139
　1. 语音　Pronunciation
　2. 词语　Words and phrases
　3. 句型　Sentence patterns
　4. 模仿　Imitate
　5. 会话　Conversation
　6. 看图说话　Talk about the picture
　7. 阅读　《艾米的家》
　　　Reading　Amy's family

   8. 汉字　Chinese characters
 ④语 法　Grammar ·· 150
   1."是"字句　是-sentence
   2. 是非疑问句（1）　Yes-no question（1）
 ⑥汉 字 表　Table of the stroke order of Chinese characters
  ·· 152

第12课　Lesson 12 ·· 155

 ①课 文　《我请客，你付钱》
   Text　　I invite you to dinner but you pay the bill ······
  ·· 155
 ②生 词　New words ·· 159
 ③练 习　Exercises ·· 161
   1. 语音　Pronunciation
   2. 词语　Words and phrases
   3. 句型　Sentence patterns
   4. 模仿　Imitate
   5. 会话　Conversation
   6. 阅读　《我想请客》
    Reading　　I want to invite sb. to dinner
   7. 汉字　Chinese characters
 ④语 法　Grammar ·· 175
   1. 领有句　Sentence of possession
   2. 特指疑问句　Special question
   3. 百以内称数法
    The way to express the numbers below one hundred
 ⑤注 释　Notes ·· 176
   1."二"与"两"的用法　The uses of "二" and "两"
   2."几"和"多少"　"几" and "多少"
   3."是的"　The phrase "是的"

⑥汉 字 表　Table of the stroke order of Chinese characters
.... 117

第13课　Lesson 13 182

①课 文　《我想预订房间》
　　Text　　I want to book a room 182
②生 词　New words 185
③练 习　Exercises 187
　1. 语音　Pronunciation
　2. 词语　Words and phrases
　3. 句型　Sentence patterns
　4. 模仿　Imitate
　5. 会话　Conversation
　6. 阅读　《山本正住在宾馆》
　　　Reading　　Yamamoto is staying at the hotel
　7. 汉字　Chinese characters
④语 法　Grammar 199
　1. 形容词谓语句　Sentence with an adjective as its predicate
　2. 正反疑问句（1）　Affirmative-negative question（1）
⑤汉 字 表　Table of the stroke order of Chinese characters
.... 202

第14课　Lesson 14 205

①课 文　《大内小姐真聪明》
　　Text　　Miss Ôuchi is really clever 205
②生 词　New words 209
③练 习　Exercises 211
　1. 语音　Pronunciation
　2. 词语　Words and phrases
　3. 句型　Sentence patterns

    4. 模仿　Imitate
    5. 会话　Conversation
    6. 阅读　《交换辅导》
       Reading　Coaching each other
    7. 汉字　Chinese characters
  ④ 语法　Grammar ·················· 226
    1. 选择疑问句　Alternative question
    2. 结构助词"的"　The structural particle "的"
  ⑤ 汉字表　Table of the stroke order of Chinese characters
    ·················· 227

第15课　Lesson 15 ·················· 230

  ① 课文　《你为什么学习汉语》
     Text　Why are you studing Chinese ·················· 230
  ② 生词　New words ·················· 234
  ③ 练习　Exercises ·················· 236
    1. 语音　Pronunciation
    2. 词语　Words and phrases
    3. 模仿　Imitate
    4. 会话　Conversation
    5. 阅读　《学习汉语的目的》
       Reading　The aim of studing Chinese
    6. 汉字　Chinese characters
    7. 功能会话：听后模仿
       Functional conversation: listen then imitate
  ④ 语法　Grammar ·················· 248
    句子成分　Sentence composition
  ⑤ 注释　Notes ·················· 249
    1. "对了"　The phrase "对了"
    2. "教师""老师"　"教师" and "老师"

⑥汉字表　Table of the stroke order of Chinese characters
　　　………………………………………………………… 250

第16课　Lesson 16 ………………………………… 254
①课文　《房间打扫得真干净》
　　Text　　The room is swept very clean ……… 254
②生词　New words ………………………………… 259
③练习　Exercises ………………………………… 261
　1. 语音　Pronunciation
　2. 词语　Words and phrases
　3. 句型　Sentence patterns
　4. 模仿　Imitate
　5. 会话　Conversation
　6. 阅读　《写给爸爸妈妈的一封信》
　　　Reading　　A letter to father and mother
　7. 汉字　Chinese characters
④语法　Grammar ………………………………… 274
　1. 意义上的被动句　National passive sentence
　2. 状态补语（1）　Complement of state（1）
　3. 结构助词"得"　The structural particle "得"
⑤注释　Notes ……………………………………… 277
　"没关系"　The phrase "没关系"
⑥汉字表　Table of the stroke order of Chinese characters
　　　………………………………………………………… 277
⑦附件　Appendix ………………………………… 281
　属相表　Table of Chinese zodiac

第17课　Lesson 17 ………………………………… 282
①课文　《祝你生日快乐》
　　Text　　Happy birthday ……………………… 282

②生 词　New words ·············· 287
③练 习　Exercises ·············· 289
　1. 语音　Pronunciation
　2. 词语　Words and phrases
　3. 句型　Sentence patterns
　4. 模仿　Imitate
　5. 会话　Conversation
　6. 阅读　《大内的生日》
　　　Reading　Ōuchi's birthday
　7. 汉字　Chinese characters
④语 法　Grammar ·············· 304
　1. 动量补语（1）　Complement of action measure（1）
　2. "的"字结构　的-structure
⑤汉 字 表　Table of the stroke order of Chinese characters
　·············· 305

第18课　Lesson 18 ·············· 308

①课 文　《我家前边有条河》
　　Text　There is a river in front of my home ······ 308
②生 词　New words ·············· 312
③练 习　Exercises ·············· 314
　1. 语音　Pronunciation
　2. 词语　Words and phrases
　3. 句型　Sentence patterns
　4. 模仿　Imitate
　5. 会话　Conversation
　6. 阅读　《方老师的家在郊区》
　　　Reading　Teacher Fang's home is in the suburbs
　7. 汉字　Chinese characters
④语 法　Grammar ·············· 330
　1. 方位表达法　The way to express location

  2. 存在句（1） Sentence of existence（1）
  3. 语气助词"了" The modal particle "了"
⑤汉字表 Table of the stroke order of Chinese characters
·· 333

第19课 Lesson 19 ·· 337

①课 文 《我们一起照张相》
  Text Let's have a picture taken ············ 337
②生 词 New words ·· 342
③练 习 Exercises ·· 344
 1. 语音 Pronunciation
 2. 词语 Words and phrases
 3. 句型 Sentence patterns
 4. 模仿 Imitate
 5. 会话 Conversation
 6. 阅读 《我也属兔》
  Reading I was born in the year of the rabbit too
 7. 汉字 Chinese characters
④语 法 Grammar ·· 359
 1. 正反疑问句（2） Affirmative-negative question（2）
 2. 动词重叠（1） Verb reduplication（1）
⑤注 释 Notes ·· 361
 "年纪"和"年龄" "年纪" and "年龄"
⑥汉字表 Table of the stroke order of Chinese characters
·· 362

第20课 Lesson 20 ·· 365

①课 文 《我现在就有时间》
  Text I am free now ························· 365
②生 词 New words ·· 370

③ 练 习　Exercises ··· 372
   1. 语音　Pronunciation
   2. 词语　Words and phrases
   3. 模仿　Imitate
   4. 会话　Conversation
   5. 阅读　《有时间来我家玩儿》
      Reading　　Pleas come to my home if you have time
   6. 汉字　Chinese characters
   7. 功能会话：听后模仿
      Functional conversation：listen then imitate

④ 语 法　Grammar ··· 383
   短语的类型　Types of phrases

⑤ 汉 字 表　Table of the stroke order of Chinese characters
   ··· 385

词汇总表　Vocabulary list ··· 387
练习参考答案　Key to exercises ··· 419

词 类 简 称 表
Abbreviations

① （名）　名词　　　　míngcí　　　　　　noun
② （代）　代词　　　　dàicí　　　　　　　pronoun
③ （动）　动词　　　　dòngcí　　　　　　verb
④ （能动）能愿动词　　néngyuàn dòngcí　　optative verb
⑤ （形）　形容词　　　xíngróngcí　　　　adjective
⑥ （数）　数词　　　　shùcí　　　　　　　numeral
⑦ （量）　量词　　　　liàngcí　　　　　　measure word
⑧ （副）　副词　　　　fùcí　　　　　　　adverb
⑨ （介）　介词　　　　jiècí　　　　　　　preposition
⑩ （连）　连词　　　　liáncí　　　　　　　conjunction
⑪ （助）　助词　　　　zhùcí　　　　　　　particle
　　　　　动态助词　　dòngtài zhùcí　　　aspectual particle
　　　　　结构助词　　jiégòu zhùcí　　　　structural particle
　　　　　语气助词　　yǔqì zhùcí　　　　　modal particle
⑫ （叹）　叹词　　　　tàncí　　　　　　　interjection
⑬ （象声）象声词　　　xiàngshēngcí　　　onomatopoeia
　　（头）　词头　　　　cítóu　　　　　　　prefix
　　（尾）　词尾　　　　cíwěi　　　　　　　suffix

发 音 器 官
Organs of Speech

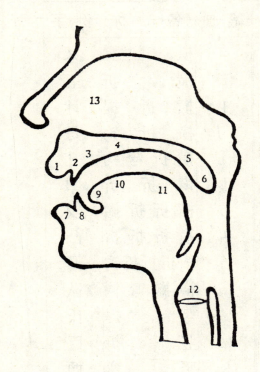

1. 上唇　Upper Lip
2. 上齿　Upper Teeth
3. 牙床　Teethridge
4. 硬腭　Hard Palate
5. 软腭　Soft Palate
6. 小舌　Uvula
7. 下唇　Under Lip
8. 下齿　Under Teeth
9. 舌尖　Tip of Tongue
10. 舌面　Blade of Tongue
11. 舌根　Back of Tongue
12. 声带　Vocal Cords
13. 鼻腔　Nasal Cavity

汉字笔画表
Table of Strokes of Chinese Characters

简单笔画			复杂笔画		
笔画	名称	例字	笔画	名称	例字
基本笔画			フ	横撇	又
、	点	义	乛	横折	丑
一	横	三	㇌	横折提	计
丨	竖	川	乛	横折钩	丹
丿	撇	彳	㇈	横折弯	凡
㇏	捺	大	㇉	横折折	凹
㇀	提	江	㇅	横折撇	及
变形笔画			㇊	横折折折	凸
丶	左点	办	㇌	横折折钩	乃
丶	长点	刈	㇟	横撇弯钩	队
乛	横钩	冖	ㄴ	竖提	氏
亅	竖钩	水	ㄴ	竖折	巨
亅	弯钩	豕	㇄	竖弯	西
丿	平撇	禾	㇄	竖弯钩	己
丨	竖撇	月	ㄣ	竖折折	专
㇏	平捺	之	ㄅ	竖折撇	鼎
乚	斜钩	式	㇏	竖折折钩	弓
乚	卧钩	心	ㄑ	撇折	丝
			ㄑ	撇点	女
			丿	撇	

汉字笔顺规则
Stroke Orders of Chinese Characters

例　字	笔　顺	规　则
十	一 十	先 横 后 竖
人	丿 人	先 撇 后 捺
三	一 二 三	从 上 到 下
什	亻 什	从 左 到 右
月	刀 月	从 外 到 内
国	冂 国 国	先 里 头 后 封 口
小	亅 小 小	先 中 间 后 两 边

课堂用语
Terms in Class

1. Xiànzài shàng kè.

   现在 上 课。

   Now let's begin our class.

2. Jīntiān xuéxí dì ____ kè.

   今天 学习 第____课。

   Today we are going to learn Lesson ____.

3. Dǎ kāi shū, fān dào dì ____ yè.

   打开书, 翻到 第____页。

   Please open your book, and turn to page at ____.

4. Tīng wǒ fā yīn.

   听 我 发音。

   Please listen to my pronunciation.

5. Tīng wǒ niàn.

   听 我 念。

   Please listen to what I'm going to read.

6. Tīng wǒ shuō.

   听 我 说。

   Please listen to what I'm going to say.

7. Gēn wǒ shuō.

   跟 我 说。

   Say after me.

8. Gēn wǒ xiě.

   跟 我 写。

   Write after me.

9. Zhùyì tīng.

   注意 听。

   Listen attentively.

10. Zhùyì fāyīn.

    注意 发音。

    Pay attention to the pronunciation.

11. Zhùyì shēngdiào.

    注意 声调。

    Pay attention to the tone.

12. Zhùyì yǔdiào.

    注意 语调。

    Pay attention to the intonation.

13. Zhùyì bǐshùn.

    注意 笔顺。

    Pay attention to the stroke orders.

14. Qǐng kàn hēibǎn.

    请 看 黑板。

    Please look at the blackboard.

15. Niàn shēngcí.

　　念　生词。

　　Please read the new words.

16. Niàn kèwén.

　　念　课文。

　　Please read the text.

17. Xiě Hànzì.

　　写　汉字。

　　Please write characters.

18. Tīng lùyīn.

　　听　录音。

　　Please listen to the recording.

19. Zài tīng yí biàn.

　　再　听　一遍。

　　Listen again, please.

20. Zài niàn yí biàn.

　　再　念　一遍。

　　Read again, please.

21. Zài shuō yí biàn.

　　再　说　一遍。

　　Say again, please.

22. Zài xiě yí biàn.

　　再　写　一遍。

　　Write again, please.

23. Xiànzài tīngxiě.

    现在 听写。

    Now, let's have a dictation.

24. Xiān tīng wǒ niàn, ránhòu zài xiě.

    先 听 我 念，然后 再 写。

    Listen to me first, then write it down.

25. Qǐng jiāo běnzi.

    请 交 本子。

    Please hand in your exercise book.

26. Shuí yǒu wèntí, kěyǐ wèn wǒ.

    谁 有 问题，可以 问 我。

    If you have any questions, please ask me.

27. Shuí bù dǒng, qǐng jǔ shǒu.

    谁 不 懂， 请 举手。

    If anyone of you doesn't understand, please raise your hand.

28. Xiànzài liú zuòyè.

    现在 留 作业。

    Today's homework is ___.

29. Fùxí jiù kè.

    复习 旧 课。

    Review the lessons we learned.

30. Yùxí shēngcí.

    预习 生词。

    Prepare the new words of next lesson.

31. Yùxí xīn kèwén.

　　预习新课文。

　　Prepare the text we are going to learn.

32. Kàn yǔfǎ zhùshì.

　　看　语法注释。

　　Read the Grammar, please.

33. Kàn cíyǔ zhùshì.

　　看　词语注释。

　　Read the Notes, please.

34. Míngtiān cèyàn, dàjiā zuò hǎo zhǔnbèi.

　　明天　测验，大家做好准备。

　　Tomorrow we are going to have a test, please get prepared.

35. Xiànzài xià kè.

　　现在　下课。

　　Now class is over.

课文主要人物表
Main Characters in Texts

大内上子　女　20岁左右　　日本留学生
Ōuchi Kamiko, Female, about 20, Japanese student.

山本正　　男　25岁左右　　日本留学生
Yamamoto Masa, Male, about 25, Japanese student.

金汉成　　男　25岁左右　　韩国留学生　活泼幽默
Kim Han-sung, Male, about 25, Korean student, who is vigorous and humorous.

艾米　　　女　19岁　　　　美国留学生　性格开朗，喜欢中国文化
Amy, Female, 19, American student, who is a girl of sanguine temper and likes Chinese culture.

彼得　　　男　25岁左右　　美国留学生
Peter, Male, about 25, American student.

贝拉　　　女　25岁左右　　意大利留学生
Berra, Female, about 25, Italian student.

方龙　　　男　50多岁　　　某大学对外汉语教师　教授
Fang Long, Maie, over 50, Professor, teaching Chinese to foreigners in a university

白华　　　女　40岁左右　　某大学对外汉语教师
Bai Hua, Female, about 40, teacher, teaching Chinese to foreigners in a university.

王　欢　　男　30岁　　某大学系办公室工作人员　工作认真，心地善良，乐于助人

Wang Huan, Male, 30, staff in a department office of a university, who is serious in his work, kind and likes helping others.

方云天　　男　20岁左右　　某大学外语学院日语专业学生，方龙教授之子

Fang Yuntian, Male, about 20, son of Professor Fang Long and student, learning Japanese language in a foreign language institute of a university.

王　才　　男　20岁左右　　某大学外语学院日语专业学生

Wang Cai, Male, about 20, student, learning Japanese language in a foreign language institute of a university.

丁　兰　　女　20岁左右　　某大学外语学院英语专业学生

Ding Lan, Female, about 20, student, learning English language in a foreign language institute of a university.

刘　丽　　女　27岁　　王欢的妻子

Liu Li, Female, 27, Wang Huan's wife.

陈　红　　女　50岁　　方龙的妻子

Chen Hong, Female, 50, Fang Long's wife.

赵　林　　男　32岁　　某工厂工程技术人员，彼得的朋友

Zhao Lin, Male, 32, technician of a factory, Peter's friend.

杨　静　　女　30岁　　赵林的妻子

Yang Jing, Female, 30, Zhao Lin's wife.

高　山　　男　29岁　　王欢的老同学

Gao Shan, Male, 29, one of Wang Huan's old classmates.

第 1 课
Lesson 1

① 语 音　Phonetics

1. **韵母**　Vowels

   a　　o　　e　　er　　i　　u　　　　ü

   ai　ei　ao　ou　　　an　en　　ang　eng　ong

   ia　ie　iao　iou (-iu)　ian　in　　iang　ing　iong

   ua　uo　uai　uei (-ui)　uan　uen (-un)　uang　ueng

   üe　üan　ün

2. **声母**　Initial consonants

   b　p　m　f

   d　t　n　l

   z　c　s

   zh　ch　sh　r

   j　q　x

   g　k　h

3. **声调示意图**　Tone graph

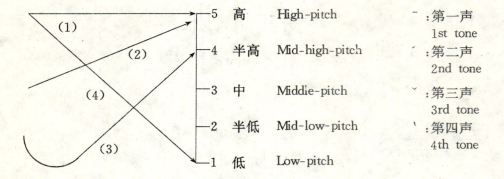

② 生 词
New Words

1. yī	(数)	one
2. èr	(数)	two
3. sān	(数)	three
4. sì	(数)	four
5. wǔ	(数)	five
6. liù	(数)	six
7. qī	(数)	seven
8. bā	(数)	eight
9. jiǔ	(数)	nine
10. shí	(数)	ten
11. nǐ	(代)	you
12. hǎo	(形)	good, well

专 名
Proper Nouns

1. Bái Huá   name of a Chinese teacher
2. Fāng Lóng   name of a Chinese teacher

③ 课 文
Text

你好

Bái Huá：   Nǐ hǎo!

               Good morning. (or: Good afternoon, Good evening.)

Fāng Lóng：   Nǐ hǎo!

               Good morning. (or: Good afternoon, Good evening.)

④ 练 习
Exercises

1. 韵母   Vowels

    a   o   e   er   i   u   ü

ai	ei	ao	ou	
an	en	ang	eng	ong
ia	ie	iao	iou (-iu)	
ian	in	iang	ing	iong
ua	uo	uai	uei (-ui)	
uan	uen (-un)	uang	ueng	
üe	üan	ün		

(1) 听和模仿　Listen and imitate

(2) 认读　Read

2. 声母　Initial consonants

b	p	m	f
d	t	n	l
z	c	s	
zh	ch	sh	r
j	q	x	
g	k	h	

(1) 听和模仿　Listen and imitate

(2) 认读　Read

3. 辨音　Distinguish the sounds

a	o	a	e	i	ü		
an	ang	en	eng	in	ing		
an	en	ang	eng	eng	ong		
b	p	d	t	g	k	j	q
z	zh	c	ch	s	sh	x	sh
n	l	f	h	l	r		

4. 朗读音节　Read the syllables aloud

　　yī　èr　sān　sì　wǔ

　　liù　qī　bā　jiǔ　shí

　　nǐ　hǎo　bái　huá　fāng　lóng

5. 生词　New words

　（1）听和模仿　Listen and imitate

　（2）认读拼音词　Read the *Pinyin* and tell the meaning

　　　yī　èr　sān　sì　wǔ　liù　qī　bā　jiǔ　shí

　（3）认读阿拉伯数字　Read the figures

　　　1　2　3　4　5　6　7　8　9　10

6. 课文　Text

　（1）听和模仿　Listen and imitate

　（2）认读　Read

　（3）看图说话　Talk about the picture

1) Bái Huá: Nǐ hǎo!

   Fāng Lóng: _____!

  2) Fāng Lóng: Nǐ hǎo!

   Bái Huá: _____!

（4）师生会话　Make dialogues between teacher and student

（5）学生和学生会话　Make dialogues between students

⑤ 注 释
Notes

  1. 汉语的音节绝大多数由声母和韵母构成。音节开头的辅音叫声母，其余部分叫韵母。汉语的声母都是由辅音构成的，韵母有的是单元音（单韵母），如 a、o、e，有的是复合元音（复韵母），如 ai、ei、ao，有的是元音加鼻辅音（鼻韵母），如 an、ang。一个音节可以只有韵母，没有声母（零声母）。

  Most of the Chinese syllables are composed of initial consonants and vowels (the rest of the syllables). Vowels consist of monophthongs (such as "a, o" and "e"), and diphthongs (such as "ai, ei" and "ao"), and vowels plus nasal consonants (such as "an" and "ang"). A vowel itself can form a syllable without an initial consonant.

  2. 声调是音节的音高变化。北京语音有四个基本声调，分别用声调符号"ˉ"（第一声：55）、"ˊ"（第二声：35）、"ˇ"（第三声：214）、"ˋ"（第四声：51）来表示。声调不同，意思不一样。如：

The tone is the variation of pitch. There are four basic tones in Beijing dialect. The four tones are represented by the following tone marks: "ˉ" (the 1st tone: 55), "ˊ" (the 2nd tone: 35), "ˇ" (the 3rd tone: 214) and "ˋ"(the 4th tone: 51). Different tones indicate different meanings. e. g.

  dā（搭） dá（答） dǎ（打） dà（大）

dā (to hang over) dá (to answer) dǎ (to strike, to hit) dà (big, large, huge)

3. 一个音节只有一个元音时,声调符号标在元音上,有两个或两个以上元音时,声调符号标在主要元音(即响度大的元音)上。如:mā、hǎo、liù。元音 i 上有声调符号时,要去掉 i 上的小点儿。如:mǐ、guì。

When there is a monophthong in a syllable, the tone mark should be placed above the monophthong. But when there is a diphthong or a triphthong in a syllable, the tone mark should be placed above the louder or the loudest vowel in pronunciation, such as "mā, hǎo" and "liù". When there is a tone mark above the vowel "i", the dot should be replaced by the tone mark, such as "mǐ" and "guì".

第 2 课

Lesson 2

① 语 音
Phonetics

1. 韵母　Vowels

   a o e i u ü

2. 声母　Initial consonants

   b p m f   d t n l

3. 拼音　*Pinyin*

音节 韵母 声母	a	o	e	i	u	ü
b	ba	bo		bi	bu	
p	pa	po		pi	pu	
m	ma	mo	me	mi	mu	
f	fa	fo			fu	
d	da		de	di	du	
t	ta		te	ti	tu	
n	na		ne	ni	nu	nü
l	la		le	li	lu	lü
	a	o	e	yi	wu	yu

② 生词
New Words

1.	yī	（数）	一	one
2.	èr	（数）	二	two
3.	sān	（数）	三	three
4.	sì	（数）	四	four
5.	wǔ	（数）	五	five
6.	liù	（数）	六	six
7.	qī	（数）	七	seven
8.	bā	（数）	八	eight
9.	jiǔ	（数）	九	nine
10.	shí	（数）	十	ten
11.	wǒ	（代）	我	I, me
12.	nǐ	（代）	你	you
13.	tā	（代）	他	he, him
14.	tā	（代）	她	she, her
15.	wǒmen	（代）	我们	we, us
16.	nǐmen	（代）	你们	you
17.	tāmen	（代）	他们	they, them
18.	tāmen	（代）	她们	they, them
19.	nín	（代）	您	you
20.	hǎo	（形）	好	good, well

专名
Proper Nouns

1. Shānběn   surname of a Japanese student
2. Dànèi   surname of a Japanese student

③ 课文
Text

你们好

1. （在办公室 In an office）

   Bái Huá：   你好！

                  Nǐ hǎo!

                  Good morning.（or：Good afternoon.）

   Fāng Lóng：   你好！

                  Nǐ hǎo!

                  Good morning.（or：Good afternoon.）

2.（在教室　In a classroom）

Fāng Lóng： 你们　好！

Nǐmen hǎo!

Good morning.（or：Good afternoon.）

Shānběn
Dànèi ： 您　好！

Nín hǎo!

Good morning.（or：Good afternoon.）

3. (在路上 On the way)

Shānběn Dànèi： 您 好！

Nín hǎo！

Hello. (or：Good morning，Good afternoon，Good evening.)

Fāng Lóng： 你们 好！

Nǐmen hǎo！

Hello. (or：Good morning，Good afternoon，Good evening.)

④ 练 习
Exercises

1. 韵母　Vowels

   a　o　e　　i　u　ü

   （1）听和模仿　Listen and imitate

   （2）认读　Read

   （3）听写　Dictation

2. 声母　Initial consonants

   b　p　m　f　　d　t　n　l

   （1）听和模仿　Listen and imitate

   （2）认读　Read

   （3）听写　Dictation

3. 音节　Syllables

   （1）朗读四声和重点音节　Read the syllables with tones aloud

yī	yí	yǐ	yì	yī
wū	wú	wǔ	wù	wǔ
qī	qí	qǐ	qì	qī
bā	bá	bǎ	bà	bā
wō	wó	wǒ	wò	wǒ
nī	ní	nǐ	nì	nǐ
tā	tá	tǎ	tà	tā
dā	dá	dǎ	dà	dà

(2) 辨音　Distinguish the sounds

  bā　pā　　bá　pá　　bà　pà
  bō　pō　　bó　pó　　bò　pò
  bī　pī　　bí　pí　　bǐ　pǐ
  bú　pú　　bǔ　pǔ　　bù　pù
  dā　tā　　dǎ　tǎ　　dà　tà
  dè　tè　　dú　tú　　dù　tù

(3) 音节连读　Read the syllables in succession

  mā　mó　mǐ　mù
  fā　fó　fǎ　fù
  nā　né　nǚ　nù
  lā　lí　lǚ　lù

(4) 朗读定调音节　Read the syllables and pay attention to the tones

  dōu tīng　hái tīng　yě tīng　zài tīng　tīng de
  dōu dú　　hái dú　　yě dú　　zài dú　　dú de
  dōu xiě　hái xiě　yě xiě　zài xiě　xiě de
  dōu kàn　hái kàn　yě kàn　zài kàn　kàn de

4. 生词　New words

 (1) 听和模仿　Listen and imitate

 (2) 认读拼音词　Read the *Pinyin* and tell the meaning

 (3) 认读汉字词　Read the Chinese characters and tell the meaning

5. 课文　Text

 (1) 听和模仿　Listen and imitate

 (2) 认读　Read

(3) 看图说话　Talk about the picture

1) Shānběn：你好！

　　Dànèi：_____！

2) Shānběn
　　Dànèi　：您好！

　　Fāng Lóng：_____！

(4) 师生会话　Make dialogues between teacher and student

(5) 学生和学生会话　Make dialogues between students

6. 汉字　Chinese characters

(1) 认读　Read

(2) 给汉字注音　Write the *Pinyin* of the characters

一（　　　）　　五（　　　）　　八（　　　）

我（　　　）　　你（　　　）　　他（　　　）

(3) 听写汉字　Dictation of characters

⑤ 注 释
Notes

1. a 是个央元音 [A]，不要发成后 a [ɑ]。o 不要发成 ou。u，发音时圆唇，不要发成 [ɯ]。ü 不要发成 iou。

"a" is a central vowel, and it can not be pronounced as the back a[ɑ]. The pronunciation of "o" is different from "ou". In pronouncing "u", the lips are rounded, and it is not the same as pronouncing [ɯ]. Also "ü" can not be pronounced as "iou".

2. b 不要发成浊音 [b]，p 发音时，注意送气。f 不要发成双唇音 [Φ]。d 不要发成浊音 [d]。t 发音时，注意送气。l 不要发成颤音 [r] 或舌尖后音 [ɭ]。

"b" can not be pronounced as the voiced sound [b]. "p" is an aspirated sound. The pronunciation of "f" is not the same as the bilabial [Φ]. "d" can not be pronounced as the voiced sound [d]. "t" is also an aspirated sound. And "l" can not be pronounced as the trill [r] or the blade-palatal [ɿ].

3. i、u、ü 自成音节时，写做 yi、wu、yu。

When used alone as syllables, "i, u" and "ü" are written as "yi, wu" and "yu" respectively.

⑥ 汉字表
Table of the stroke order of Chinese characters

汉字 Hànzì	结构与笔顺 jiégòu yǔ bǐshùn						繁体 fántǐ
一	一						
二	一	二					
三	一	二	三				
四	丨	冂	冈	四	四		
五	一	丆	五	五			
六	亠	丶	六				
	八	丿	八				
七	一	七					
八	丿	八					
九	丿	九					
十	一	十					
我	丿	二	于	手	我	我	我
你	亻	丿	亻				
	尔	𠂉	丿	𠂉			
		小	亅	小	小		
他	亻						
	也	一	也	也			
她	女	𡿨	女	女			
	也						

们	亻				們
	门	丶	亅	门	
您	你				
	心	丿	乚	心 心	
好	女				
	子	乛	了	子	

第3课
Lesson 3

①语音
Phonetics

1. 韵母 Vowels

   ai ei ao ou   ua uo uai uei（-ui）

2. 声母 Initial consonants

   g k h

3. 拼音 *Pinyin*

音节 韵母 声母	ai	ei	ao	ou	ua	uo	uai	uei (-ui)
g	gai	gei	gao	gou	gua	guo	guai	gui
k	kai	kei	kao	kou	kua	kuo	kuai	kui
h	hai	hei	hao	hou	hua	huo	huai	hui
	ai	ei	ao	ou	wa	wo	wai	wei

②生词
New Words

1. lǎoshī   （名）   老师   teacher
2. shì   （动）   是   to be

3.	guì	（形）	贵	expensive, valuable, noble
4.	xìng	（名、动）	姓	surname
5.	guìxìng		贵姓	your surname (honorific)
6.	jiào	（动）	叫	to call, to be called
7.	rén	（名）	人	person, people, human being
8.	le	（助）	了	(an aspectual particle)
9.	lèi	（形）	累	tired, weary
10.	ma	（助）	吗	(an interrogative particle)
11.	bù	（副）	不	not, no
12.	kě	（形）	渴	thirsty
13.	hē	（动）	喝	to drink
14.	gěi	（动）	给	to give
15.	kěkǒukělè	（名）	可口可乐	Coca-Cola

专名
Proper Nouns

1.	Shānběn Zhèng	山本正	name of a Japanese student
2.	Dànèi Shàngzǐ	大内上子	name of a Japanese student
3.	Fāng Lóng	方龙	name of a Chinese teacher
4.	Bái Huá	白华	name of a Chinese teacher
5.	Àimǐ	艾米	name of an American student
6.	Měiguó	美国	U.S.A.

③ 课 文
Text

老师好

1.（在路上 On the way）

山 本　老师　好！
大　内：Lǎoshī hǎo!

　　　　Good morning, teacher.

方　龙：你们　好！
　　　　Nǐmen hǎo!

　　　　Good morning.

2. (在去教室的路上 On the way to the classroom)

艾 米:你 好!

Nǐ hǎo!

Good morning.

白 华:你 好!

Nǐ hǎo!

Good morning.

艾 米:你 是 老师 吗?

Nǐ shì lǎoshī ma?

Are you a teacher?

白 华:是。你 是……

Shì. Nǐ shì……

Yes. You are...

艾 米：我 叫 艾米，是 美国 人。老师 贵 姓？
Wǒ jiào Àimǐ, shì Měiguó rén. Lǎoshī guì xìng?

My name is Amy. I'm an American. What is your surname, teacher?

白 华：我 姓 白，叫 白 华。
Wǒ xìng Bái, jiào Bái Huá.

My surname is Bai. I'm called Bai Hua.

3. (课间，在教室里 In the classroom, during a break)

山 本：Nǐ lèi ma?

Are you tired?

大 内：Bú lèi. Wǒ kě le.

No, I'm not. I'm thirsty.

山 本：Nǐ hē bu hē kěkǒukělè?

Do you want to drink Coca-Cola?

大 内：Hē.

Yes.

山 本：Gěi nǐ.

Here you are.

④ 练 习
Exercises

1. 韵母 Vowels

   ai ei ao ou   ua uo uai uei（-ui）

   (1) 听和模仿 Listen and imitate

（2）认读 Read

  （3）听写 Dictation

2. 声母 Initial consonants

  g k h

  （1）听和模仿 Listen and imitate

  （2）认读 Read

  （3）听写 Dictation

3. 音节 Syllables

  （1）朗读四声和重点音节 Read the syllables with tones aloud

lāo	láo	lǎo	lào	lǎoshī
guī	(guí)	guǐ	guì	guìxìng
guō	guó	guǒ	guò	Měiguó
lēi	léi	lěi	lèi	lèi
kē	ké	kě	kè	kě
hē	hé	(hě)	hè	hē
kōu	(kóu)	kǒu	kòu	kěkǒukělè
(gēi)	(géi)	gěi	(gèi)	gěi
(nēi)	(néi)	něi	nèi	Dànèi
bāi	bái	bǎi	bài	Bái Huá
huā	huá	(huǎ)	huà	Bái Huá

  （2）辨音 Distinguish the sounds

    gāi kāi gé ké gǎ kǎ guā kuā

    gāo kāo guó kuò gǒu kǒu guì kuì

(3) 音节连读 Read the syllables in succession

  gē guó gǎi gào

  kāi ké kǒu kào

  hā hé hǎo hòu

  hēi háo hǎi huà

(4) 朗读定调音节 Read the syllables and pay attention to the tones

  dōu tīng hái tīng yě tīng zài tīng tīng de

  dōu dú hái dú yě dú zài dú dú de

  dōu xiě hái xiě yě xiě zài xiě xiě de

  dōu kàn hái kàn yě kàn zài kàn kàn de

(5) 朗读短语和句子 Read the phrases and the sentences aloud

lǎoshī:

  Bái lǎoshī
  Fāng lǎoshī
  shì lǎoshī
  bú shì lǎoshī

shì:

  wǒ shì
  nǐ shì
  tā shì
  wǒmen shì
  nǐmen shì
  tāmen shì
  shì lǎoshī
  shì Měiguó rén

guì xìng:

  Nǐ guì xìng?
  Lǎoshī guì xìng?

jiào:

  Wǒ jiào Fāng Lóng.
  Tā jiào Bái Huá.
  Nǐ jiào Àimǐ ma?

lèi:

  bú lèi
  Nǐ lèi ma?
  Nǐ lèi bu lèi?
  Wǒ bú lèi.

kě:

  bù kě
  Nǐ kě ma?
  Nǐ kě bu kě?
  Wǒ bù kě.

hē：

    hē kěkǒukělè

    Wǒ hē kěkǒukělè.

gěi：

    gěi nǐ

    gěi wǒ

    gěi tā

    gěi nǐ kěkǒukělè

ma：

    Nǐ hǎo ma?

    Nǐ lèi ma?

    Nǐ kě ma?

    Nǐ hē ma?

    Nǐ shì lǎoshī ma?

    Tā shì lǎoshī ma?

4. 生词　New words

  （1）听和模仿　Listen and imitate

  （2）认读拼音词　Read the *Pinyin* and tell the meaning

  （3）认读汉字词　Read the Chinese characters and tell the meaning

5. 课文　Text

  （1）听和模仿　Listen and imitate

  （2）认读　Read

  （3）完成会话　Complete the conversations

    1）（在路上　On the way）

      方龙：你们好！

      山本

      大内：————！

    2）（在去教室的路上，A 是学生。　On the way to the classroom. A is a student.）

      A：　你好！

      白华：你好！

      A：　你是_____吗？

白华：是。你是_____？

　　A：　我叫_____，是_____人。老师贵姓？

　　白华：我_____，叫_____。

3）（在教室，A 和 B 是学生，初次见面。　In the classroom, the students, A and B, meet each other for the first time.）

　　A：Nǐ hǎo!

　　B：_____!

　　A：Nín guì xìng?

　　B：Wǒ xìng _____, jiào _____.

　　A：Nǐ shì _____ ma?

　　B：Shì, wǒ shì Měiguó rén.

(4) 朗读下列句子　Read the sentences aloud

1) Nǐ lèi bu lèi?

2) Wǒ bú lèi.

3) Nǐ kě bu kě?

4) Wǒ bù kě.

5) Nǐ hē bu hē kěkǒukělè?

6) Wǒ bù hē kěkǒukělè.

7) Wǒ hē kěkǒukělè.

6. 汉字　Chinese characters

(1) 认读　Read

(2) 给汉字注音　Write the *Pinyin* of the characters

　　　老（　　）　师（　　　）　人（　　　）

　　　贵（　　）　姓（　　　）　叫（　　　）

是（　　　）　　白（　　　）　　方（　　　）

 内（　　　）　　华（　　　）　　美（　　　）

 国（　　　）　　好（　　　）　　我（　　　）

（3）听写句子　Sentence dictation

（4）朗读　Read aloud

 1）白华是老师。

 2）她是老师。

 3）我叫方龙。

 4）你贵姓？

 5）我姓山本。

 6）我姓大内。

 7）艾米是美国人。

 8）他们不是老师。

⑤ 注　释
Notes

1. ai ei ao ou 为前响二合元音，第二个元音轻而短。ua uo 为后响二合元音，第一个元音轻而短。uai uei 为中响三合元音，第一与第三个元音轻而短。

"ai, ei, ao" and "ou" are diphthongs, in which the first vowel is louder and the second one is light and short in pronunciation. Both "ua" and "uo" are also diphthongs, in which the first vowel is light and short, but the second one is louder. Both "uai" and "uei" are triphthongs, in which the first and the third vowels are light and short, but the middle one is louder.

2. g 不要发成浊音［g］或喉音［ʔ］。k 发音时，注意送气。h 不要发成浊音［ɣ］。

"g" can not be pronounced as the voiced sound [g], or the guttural fricative [ʔ]. In pronouncing "k", the attention should be paid to the aspiration. And "h" can not be pronounced as the voiced sound [ɣ].

3. uei 前边加声母时，写做-ui。如：guì、duì。

When there is an initial consonant before "uei", "uei" is written as "-ui", such as "guì" and "duì".

4. ua uo uai uei 自成音节时，写做 wa wo wai wei。

When used alone as syllables, "ua, uo, uai" and "uei" are written as "wa, wo, wai" and "wei" respectively.

⑥ 汉 字 表

Table of the stroke order of Chinese characters

汉字 Hànzì	结构与笔顺 jiégòu yǔ bǐshùn					繁体 fántǐ
老	耂	一	十	土	耂	
	匕	ノ	匕			
师	丿	丨	丿			師
	帀	一	丆	亓	帀	
是	日	丨	冂	日	日	
	疋	一	丁	下	疋	疋
贵	虫	丨	冂	口	虫	贵	貴
	贝	丨	冂	贝	贝	
姓	女					
	生	ノ	𠂉	𠂉	生	
叫	口	丨	冂	口		叫
	丩	丨	ㄣ	丩		
人	丿	人				
了	一	了				
累	田	丨	冂	月	用	田	
	糸	乙	幺	幺	糸	

吗	口								嗎
	马	乛	马	马					
不	一	丆	才	不					
喝	口								
	曷	日							
		勹	丿	勹					
		匕	丿	人	匕				
可	丁	一	丁	可					
	口								
乐	丿	匚	乐	乐	乐				樂
山	丨	山	山						
本	一	十	才	木	本				
正	一	正	正						
大	一	ナ	大						
内	丨	冂	内	内					
上	丨	卜	上						
子									
方	丶	亠	方	方					
龙	一	ナ	九	龙	龙				龍
白	丿	冂	白	白					
华	化	亻							華
		匕	一	匕					
	十								
艾	艹	一	十	艹					
	乂	丿	乂						
米	丶	丷	丷	半	米	米			
美	羊	丷	丷						
		王	一	二	干	王			
	大								
国	囗	丨	冂	冂	月	用	囯	国	國
	玉								

第 4 课
Lesson 4

① 语 音
Phonetics

1. 韵母　Vowels

    an   en   ang   eng   ong

    uan   uen (-un)   uang   ueng

2. 拼音　*Pinyin*

音节＼韵母＼声母	an	en	ang	eng	ong	uan	uen (-un)	uang	ueng
b	ban	ben	bang	beng					
p	pan	pen	pang	peng					
m	man	men	mang	meng					
f	fan	fen	fang	feng					
d	dan		dang	deng	dong	duan	dun		
t	tan		tang	teng	tong	tuan	tun		
n	nan	nen	nang	neng	nong	nuan			
l	lan		lang	leng	long	luan	lun		
g	gan	gen	gang	geng	gong	guan	gun	guang	
k	kan	ken	kang	keng	kong	kuan	kun	kuang	
h	han	hen	hang	heng	hong	huan	hun	huang	
	an	en	ang			wan	wen	wang	weng

② 生 词
New Words

1.	máng	（形）	忙	busy, fully occupied
2.	hěn	（副）	很	very, quite
3.	ne	（助）	呢	(a modal particle)
4.	tài	（副）	太	too, over, extremely
5.	lái	（动）	来	to come, to arrive
6.	bāng	（动）	帮	to help, to assist
7.	ba	（助）	吧	(a modal particle)
8.	rènshi	（动）	认识	to know, to be familiar with, to recognize, to identify
9.	nǎ	（代）	哪	which
10.	guó	（名）	国	country, state
11.	shénme	（代）	什么	what
12.	de	（助）	的	(a structural particle)
13.	péngyou	（名）	朋友	friend
14.	zhè	（代）	这	this
15.	mántou	（名）		steamed bread
16.	chī	（动）	吃	to eat, to have, to take (medicine)
17.	mǐfàn	（名）		cooked rice
18.	fàn	（名）	饭	cooked rice
19.	cài	（名）		vegetable, dish, course
20.	dùnniúròu	（名）		stewed beef
21.	dùn	（动）		to stew

22. niúròu	（名）		beef	
23. yě	（副）	也	also, too, as well, either	
24. yígòng	（副）	一共	altogether, in all	
25. kuài	（量）		(a measure word)	

专 名
Proper Nouns

1. Zhōngguó   中国   China
2. Wáng Huān   王欢   name of a person

③ 课 文
Text

你忙吗

1. （在办公室 In an office）

白 华：你 忙 吗？
Nǐ máng ma?
Are you busy?

方 龙：我 很 忙。你 呢？
Wǒ hěn máng. Nǐ ne?
Yes, I'm very busy. And you?

白 华：不 太 忙。
Bú tài máng.
Not very busy.

方 龙：来，帮帮 我。
Lái, bāngbang wǒ.
Come here, help me, please!

白 华：好 吧。
Hǎo ba.
All right.

2. （在路上　On the way）

艾 米：你 认识 他 吗？

Nǐ rènshi tā ma?

Do you know him?

山 本：认识。

Rènshi.

Yes, I do.

艾 米：他 是 哪 国 人？

Tā shì nǎ guó rén?

Which country does he come from?

山 本：他 是 中 国 人。

Tā shì Zhōngguó rén.

He is a Chinese.

艾 米：他 叫 什么？

Tā jiào shénme?

What is his name?

山 本：他 叫 王 欢，是 方 老师 的 朋友。

Tā jiào Wáng Huān, shì Fāng lǎoshī de péngyou.

His name is Wang Huan. He is Teacher Fang's friend.

3. (在食堂 In the dining hall)

山 本：Zhè shì shénme?

What is this?

大 内：Zhè shì mántou. Nǐ chī shénme?

This is a steamed bread. What would you like to eat?

山 本：Wǒ chī mǐfàn. Nǐ chī shénme cài?

I'd like to eat rice. What dish would you like to have?

大　内：Wǒ chī dùnniúròu.

　　　　I'd like to have stewed beef.

山　本：Wǒ yě chī dùnniúròu.

　　　　I'd like to have stewed beef, too.

大　内：Yígòng sān kuài wǔ.

　　　　They cost three *kuai* and five *jiao* in all.

④ 练　习
Exercises

1. 韵母 Vowels

   an　　en　　　　ang　　eng　　ong

   uan　uen (-un)　　uang　　ueng

   (1) 听和模仿 Listen and imitate

   (2) 认读 Read

   (3) 听写 Dictation

2. 音节 Syllables

   (1) 朗读四声和重点音节 Read the syllables with tones aloud

māng	máng	mǎng	(màng)	máng
(hēn)	hén	hěn	hèn	hěn
bāng	(báng)	bǎng	bàng	bāng
(rēn)	rén	rěn	rèn	rènshi
shēn	shén	shěn	shèn	shénme
pēng	péng	pěng	pèng	péngyou
mān	mán	mǎn	màn	mántou

fān	fán	fǎn	fàn	mǐfàn
dūn	(dún)	dǔn	dùn	dùnniúròu
gōng	(góng)	gǒng	gòng	yígòng
zhōng	(zhóng)	zhǒng	zhòng	Zhōngguó
wāng	wáng	wǎng	wàng	Wáng Huān
huān	huán	huǎn	huàn	Wáng Huān
sān	(sán)	sán	sàn	sān
shān	(shán)	shǎn	shàn	Shǎnběn
bēn	(bén)	běn	bèn	Shǎnběn
fāng	fáng	fǎng	fàng	Fāng Lóng
lōng	lóng	lǒng	lòng	Fāng Lóng

(2) 朗读定调音节　Read the syllables and pay attention to the tones

dōu tīng	hái tīng	yě tīng	zài tīng	tīng de
dōu dú	hái dú	yě dú	zài dú	dú de
dōu xiě	hái xiě	yě xiě	zài xiě	xiě de
dōu kàn	hái kàn	yě kàn	zài kàn	kàn de

(3) 朗读短语和句子　Read the phrases and the sentences aloud

máng：

　hěn máng　　tài máng

　bù máng

　bú tài máng

bāng：

　bāngbang

　bāngbang wǒ

　Wǒ bāng nǐ.

　Wǒ bāng nǐmen.

rènshi：
    rènshi wǒ
    rènshi nǐ
    rènshi tā
    rènshi tāmen
    bú rènshi
    bú rènshi tā
    bú rènshi tāmen

guó：
    nǎ guó
    nǎ guó rén
    Zhōngguó rén
    Měiguó rén

shénme：
    xìng shénme
    jiào shénme
    chī shénme

péngyou：
    wǒ péngyou
    nǐ péngyou
    wǒmen de péngyou
    tāmen de péngyou
    lǎoshī de péngyou
    hǎo péngyou

hěn：
    hěn máng
    hěn lèi
    hěn kě
    hěn hǎo

mántou：
    shì mántou
    Zhè shì mántou.
    chī mántou
    Wǒ chī mántou.

mǐfàn：
    chī mǐfàn
    Wǒ chī mǐfàn.
    Nǐ chī mǐfàn ma?

yě：
    yě máng
    yě hěn máng
    yě lèi
    yě hěn lèi
    yě chī
    yě chī mǐfàn
    yě bāng
    Wǒ yě bāng nǐ.

yígòng：
    yígòng sān kuài wǔ

3. 生词　New words

（1）听和模仿　Listen and imitate

（2）认读拼音词　Read the *Pinyin* and tell the meaning

（3）认读汉字词　Read the Chinese characters and tell the meaning

4. 课文　Text

（1）听和模仿　Listen and imitate

（2）认读　Read

（3）完成会话　Complete the conversations

1）（在宿舍，A 和 B 是两个学生。　In a dormitory. A and B are students.）

A：_____？

B：不太忙。你呢？

A：_____。来，帮帮我。

B：好吧。

2）（在路上，A 和 B 是两个学生，谈另外一个学生。　On the way, the students, A and B are talking about another student.）

A：你_____她吗？

B：认识。

A：她是哪国人？

B：她是_____人。

A：她叫什么？

B：她叫_____。

3）(在路上，A 和 B 是两个学生。 On the way. A and B are students.)

A：Nǐ hǎo ma?

B：_____, _____?

A：Yě hěn hǎo.

4）(在路上，A 是老师，B 是学生。 On the way. A is a teacher, and B is a student.)

A：Nǐ hǎo ma?

B：_____.

A：Shānběn ne?

B：_____.

5）(在路上，A 是学生，B 是老师。 On the way. A is a student, and B is a teacher.)

A：_____?

B：Wǒ hěn hǎo.

A：Fāng lǎoshī ne?

B：_____.

6）(在路上，A 和 B 是学生。 On the way. A and B are students.)

A：Nǐ rènshi Wáng Huān ma?

B：_____. Tā shì wǒ de péngyou.

A：Wáng Huān shì nǎ guó rén?

B：_____.

7) (在食堂，A 和 B 是学生。 In the dining hall. A and B are students.)

A：Nǐ chī shénme?

B：_____，_____?

A：Wǒ chī mántou. _____?

B：_____.

A：Wǒ yě chī dùnniúròu.

8) (在食堂，A 和 B 是学生。 In the dining hall. A and B are students.)

A：_____?

B：_____, nǐ ne?

A：Wǒ yě chī _____.

B：Yígòng _____.

(4) 朗读下列句子 Read the sentences aloud

1) Zhè shì shénme?

2) Nǐ chī shénme?

3) Nǐ chī shénme cài?

4) Zhè shì mántou.

5) Wǒ chī mántou.

6) Wǒ yě chī mántou.

7) Wǒ chī mǐfàn.

8) Wǒ chī dùnniúròu.

9) Wǒ bù chī dùnniúròu.

10) Yígòng sān kuài wǔ.

5. 汉字　Chinese characters

（1）认读　Read

（2）给汉字注音　Write the *Pinyin* of the characters

忙（　　）　　很（　　）　　帮（　　）

来（　　）　　认（　　）　　识（　　）

哪（　　）　　吗（　　）　　呢（　　）

吧（　　）　　国（　　）　　的（　　）

朋（　　）　　友（　　）　　中（　　）

王（　　）　　欢（　　）　　什（　　）

山（　　）　　本（　　）　　龙（　　）

（3）听写句子　Sentence dictation

（4）朗读句子　Read the sentences aloud

1）我很忙。

2）你忙不忙？

3）我不太忙。

4）来，帮帮我。

5）你认识他吗？

6）她是哪国人？

7）老师是中国人。

8）他是我的朋友。

9）他姓王，叫王欢。

10）我们是好朋友。

⑤ 注 释
Notes

1. an en uan uen（-un）为前鼻韵母。ang eng ong uang ueng 为后鼻韵母。

"an, en, uan" and "uen (-un)" are all vowels followed by a front nasal consonant "n", and "ang, eng, ong, uang" and "ueng" are vowels followed by a back nasal consonant "ng".

2. uen 前边加声母时写成-un。如：dùn、gǔn。

When there is an initial consonant before "uen", "uen" is written as "-un", such as "dùn" and "gǔn".

3. uan uen uang ueng 自成音节时，写成 wan wen wang weng。

When forming syllables all by themselves, "uan, uen, uang" and "ueng" are written as "wan, wen, wang" and "weng" respectively.

⑥ 汉 字 表
Table of the stroke order of Chinese characters

汉字 Hànzì	结构与笔顺 jiégòu yǔ bǐshùn						繁体 fántǐ
忙	忄	丶	丷	忄			
	亡	丶	亠	亡			
很	彳	丿	彳	彳			
	艮	ㄱ	ㄱ	ㄱ	曰	曰	艮
呢	口						
	尼	尸	ㄱ	ㄱ	尸		
	匕						

第4课

太	一 ナ 大 太			
来	一 一 丅 平 平 来 来			來
帮	邦	丰	一 二 三 丰	幫
		阝	⁊ 阝	
	巾	丨 冂 巾		
吧	口			
	巴	⊐ ㄱ 卫 巴		
认	讠	、 讠		認
	人			
识	讠			識
	只	口		
		八		
哪	口			
	那	月	冂 彐 彐 月	
		阝		
什	亻			甚
	十			
么	丿 ㄥ 么			麼/末
的	白			
	勺	丿 ㄅ 勺		
朋	月	丿 冂 月 月		
	月			
友	ナ	一 ナ		
	又	フ 又		
这	文	、 一 ナ 文		這
	辶	、 ⊃ 辶		
吃	口			
	乞	⌐ ノ ⌐		
		乙		

饭	反	𠂉	ノ	㇇	𠂉			飯
		厂	一	厂				
		又						
也								
共	廾	一	十	廾	廾			
	八							
中		丨	口	口	中			
王								
欢	又	𠃋	又					歡/懽
	欠	𠂉						
		人						

第 5 课
Lesson 5

① 语 音
Phonetics

1. 声母 Initial consonants

    z c s

2. 拼音 *Pinyin*

(一)

声母＼韵母	a	o	e	-i [ɿ]	ai	ei	ao	ou	an	en	ang	eng	ong
z	za		ze	zi	zai	zei	zao	zou	zan	zen	zang	zeng	zong
c	ca		ce	ci	cai		cao	cou	can	cen	cang	ceng	cong
s	sa		se	si	sai		sao	sou	san	sen	sang	seng	song

(二)

声母＼韵母	u	ua	uo	uai	uei (-ui)	uan	uen (-un)	uang	ueng
z	zu		zuo		zui	zuan	zun		
c	cu		cuo		cui	cuan	cun		
s	su		suo		sui	suan	sun		

② 生 词
New Words

1.	zuì	（副）	最	the most
2.	jìn	（形）	近	near, close, intimate (relation)
3.	zuìjìn	（名）	最近	recently, lately
4.	měi	（代）	每	every; each
5.	tiān	（名）	天	day, sky, weather
6.	wǎnshang	（名）	晚上	evening, night
7.	zuò	（动）	做(作)	to do, to make; to prepare (meal)
8.	zuòyè	（名）	作业	homework, school assignment
9.	jì	（动）	记	to remember, to bear in mind, to write down
10.	shēng	（形）	生	unfamiliar, raw, unripe
11.	cí	（名）	词	word, term
12.	shēngcí	（名）	生词	new word
13.	niàn	（动）	念	to read, to study; to attend (school)
14.	kèwén	（名）	课文	text
15.	xiě	（动）	写	to write, to compose
16.	fùjìn	（名）		nearby, close to
17.	yǒu	（动）	有	to exist; to have, to possess
18.	cèsuǒ	（名）		toilet, lavatory
19.	zài	（动、介）	在	to exist; at
20.	biān	（名）	边	side, edge
21.	nà	（代）	那	that

22. xiè	（动）	谢		to thank
23. duì bu qǐ				I'm sorry, I beg your pardon
24. shuō	（动）	说		to say, to speak, to talk, to explain
25. cuò	（形、名）	错		wrong; mistake, error, fault
26. nǚ	（形）			female, woman
27. nán	（形）			male, man
28. dú	（动）	读		to read, to read aloud; to attend (school)

专名
Proper Noun

Hànzì　　　　汉字　　　Chinese character

③ 课文
Text

你每天晚上做什么

1.（在大内宿舍　In Ôuchi's room）

艾米：大内，你们 最近 忙 吗？

　　　Dànèi, nǐmen zuìjìn máng ma?

　　　Ouchi, are you busy recently?

大内：很 忙。

　　　Hěn máng.

　　　Very busy.

艾米：你 每 天 晚上 做 什么？

　　　Nǐ měi tiān wǎnshang zuò shénme?

　　　What do you do every evening?

大内：做 作业。

　　　Zuò zuòyè.

　　　I do my homework.

艾米：什么 作业？

　　　Shénme zuòyè?

　　　What homework?

大内：记 生词， 念 课文，写 汉字。

　　　Jì shēngcí, niàn kèwén, xiě Hànzì.

　　　Remembering the new words, reading the text and writing the characters.

2. (在楼道里 In the corridor)

　　山本：Àimǐ, fùjìn yǒu cèsuǒ ma?

　　　　Amy, is there a toilet nearby?

　　艾米：Yǒu. Zài zhèbiān.

　　　　Yes, it is here.

山本：Xièxie.

Thank you.

艾米：Duì bu qǐ, wǒ shuō cuò le. Nà shì nǚ cèsuǒ. Nán cèsuǒ zài nàbiān.

Sorry, I made a mistake. That is women's toilet. Men's toilet is over there.

④ 练 习
Exercises

1. 声母　Initial consonants

   z　c　s

   (1) 听和模仿　Listen and imitate

   (2) 认读　Read

   (3) 听写　Dictation

2. 音节　Syllables

   (1) 朗读四声和重点音节　Read the syllables with tones aloud

zuī	(zuí)	zuǐ	zuì	zuìjìn
zuō	zuó	zuǒ	zuò	zuò、zuòyè
cī	cí	cǐ	cì	shēngcí
zī	(zí)	zǐ	zì	Hànzì
(cē)	(cé)	(cě)	cè	cèsuǒ
suō	(suó)	suǒ	(suò)	cèsuǒ
cuō	cuó	cuǒ	cuò	cuò

```
zāi      (zái)      zǎi      zài      zài
cāi       cái       cǎi      cài      cài
sān      (sán)      sǎn      sàn      sān
sī        (sí)      sǐ       sì       sì
```

(2) 辨音　Distinguish the sounds

```
zāi cāi       zǎi cǎi       zài cài
zuō cuō      zuó cuó       zuǒ cuǒ
zuò cuò      zī cī         zòu còu
```

(3) 音节连读　Read the syllables in succession

zī zuó zǒu zài

cī cuó cǎn cài

sī sú suǒ suàn

sān sóng sǎo suì

(4) 朗读定调音节　Read the syllables and pay attention to the tones

```
dōu tīng    hái tīng    yě tīng    zài tīng    tīng de
dōu dú      hái dú      yě dú      zài dú      dú de
dōu xiě     hái xiě     yě xiě     zài xiě     xiě de
dōu kàn     hái kàn     yě kàn     zài kàn     kàn de
```

(5) 朗读短语和句子　Read the phrases and the sentences aloud

zuìjìn：　　　　　　　　　　　Hànzì：

　　zuìjìn hěn máng　　　　　　　xiě Hànzì

　　zuìjìn bù máng　　　　　　　niàn Hànzì

　　zuìjìn máng bu máng?

wǎnshang：

    měi tiān wǎnshang

    zài wǎnshang

zuò：

    zuò zuòyè

    zuò shénme

    wǎnshang zuò shénme

zuòyè：

    zuò zuòyè

    yǒu zuòyè

    shénme zuòyè

shēngcí：

    jì shēngcí

    niàn shēngcí

    xiě shēngcí

kèwén：

    niàn kèwén

    xiě kèwén

    shuō kèwén

fùjìn：

    zài fùjìn

    Fùjìn yǒu cèsuǒ ma?

yǒu：

    yǒu mántou

    yǒu mǐfàn

    yǒu kěkǒukělè

    yǒu péngyou

    yǒu zuòyè

    yǒu cèsuǒ

xièxie：

    xièxie nǐ

    xièxie nǐmen

    xièxie tāmen

shuō：

    shuō shēngcí

    shuō kèwén

    shuō cuò le

nà：

    nà biān

    nà shì

    Nà shì nǚ cèsuǒ.

zhè：

    zhè biān

    zhè shì

    Zhè shì nán cèsuǒ.

nǚ：

    nǚrén

    nǚ lǎoshī

    nǚ péngyou

    nǚ cèsuǒ

nán：

    nánrén

    nán lǎoshī

    nán péngyou

    nán cèsuǒ

zài：

    zài zhè biān

    zài nà biān

    zài Zhōngguó

    zài Měiguó

    zài fùjìn

    zài wǎnshang

cuò：

    shuō cuò

    xiě cuò

    niàn cuò

    jì cuò

    zuò cuò

    Wǒ shuō cuò le.

    Wǒ xiě cuò le.

    Wǒ niàn cuò le.

    Wǒ jì cuò le.

    Wǒ zuò cuò le.

3. 生词　New words

  （1）听和模仿　Listen and imitate

  （2）认读拼音词　Read the *Pinyin* and tell the meaning

  （3）认读汉字词　Read the Chinese characters and tell the meaning

4. 课文　Text

(1) 听和模仿 Listen and imitate

(2) 认读 Read

(3) 完成会话 Complete the conversations

1)（在宿舍，A 和 B 是学生。 In the dormitory. A and B are students.）

　　A：_____，你最近忙吗？

　　B：_____。

　　A：你每天晚上做什么？

　　B：_____。

　　A：什么作业？

　　B：_____。

2)（打听处所 Asking about a place）

　　A：_____，fùjìn yǒu _____ ma？

　　B：Yǒu，_____．

　　A：Xièxie.

3)（在路上，A 和 B 是学生。 On the way. A and B are students.）

　　A：_____，_____？

　　B：Bú tài máng. _____？

　　A：_____．

　　B：_____？

　　A：Zuò zuòyè.

　　B：_____？

　　A：Jì shēngcí, niàn kèwén, xiě Hànzì.

4) (在回宿舍的路上，A 和 B 是学生。 On the way back to the dormitory. A and B are students.)

A：Nǐmen yǒu zuòyè ma?

B：_____.

A：Shénme zuòyè?

B：_____.

5) (在路上，A 和 B 是学生。 On the way. A and B are students.)

A：Nǐ rènshi tā ma?

B：_____.

A：Tā jiào shénme?

B：_____.

A：Tā shì nǎ guó rén?

B：_____. Duì bu qǐ, wǒ shuō cuò le. Tā shì _____.

(4) 朗读下列句子 Read the sentences aloud

1) Fùjìn yǒu cèsuǒ ma?

2) Nán cèsuǒ zài nà biān.

3) Nǚ cèsuǒ zài zhè biān.

4) Nà shì nǚ cèsuǒ.

5) Zhè shì nán cèsuǒ.

6) Wǒ shuō cuò le.

7) Duì bu qǐ, wǒ shuō cuò le.

5. 汉字 Chinese characters

(1) 认读 Read

(2) 给汉字注音　Write the *Pinyin* of the characters

最（　　）　　近（　　）　　晚（　　）

每（　　）　　天（　　）　　上（　　）

做（　　）　　作（　　）　　业（　　）

记（　　）　　念（　　）　　写（　　）

生（　　）　　词（　　）　　汉（　　）

字（　　）　　课（　　）　　文（　　）

(3) 听写句子　Sentence dictation

(4) 朗读句子　Read the sentences aloud

1) 你每天晚上做什么？

2) 你每天晚上写什么？

3) 你每天晚上念什么？

4) 你们最近忙不忙？

5) 你做作业吗？

6) 你念课文吗？

7) 会写汉字吗？

8) 你记生词吗？

⑤ 注 释
Notes

1. z 发音时，注意舌尖要抵住上齿背。c 发音时，注意送气。s 不要发成浊音 [z] 或齿间音 [θ]。

In pronouncing "z", the tip of the tongue is against the back of the upper teeth, and in pronouncing "c", the attention should be paid to the aspiration. "s" can not be pronounced as the voiced sound [z] or the interdental [θ].

2. zi ci si 这三个音节的韵母是舌尖前元音[ɿ]，舌尖前元音韵母[ɿ]用字母 i 表示，因为汉语普通话中韵母[i]不出现在声母 z c s 之后，不会跟韵母[i]混淆。

The vowel of the three syllables, "zi, ci" and "si", is an apico-dental vowel [ɿ], for which the letter "i" is used to stand, as the vowel [i] in the standard Chinese does not occur after the initial consonants, "z, c" and "s", the letter "i" stood for the apico-dental vowel [ɿ] can not be confused with the vowel [i].

⑥ 汉 字 表
Table of the stroke order of Chinese characters

汉字 Hànzì	结构与笔顺 jiégòu yǔ bǐshùn							繁体 fántǐ
最	日							
	取	耳	一	厂	丌	丌	耳	
		又						
近	斤	一	厂	斤	斤			
	辶							
每	𠂉							
	母	ㄥ	口	母	母	母		
天	一	二	于	天				
晚	日							
	免	𠂉	丿	𠂉				
		兑	口	口	兑				

第5课

做	亻			
	故	古	十	
			口	
		攵	ノ 𠂉 𠂉 攵	
作	亻			
	乍	ノ 𠂉 𠂉 乍 乍		
业	丨 丨丨 丨丨 丨丨 业			業
记	讠			記
	己	𠃌 𠃍 己		
生				
词	讠			詞
	司	𠃌 𠃌 司		
念	今	人		
		𠂊	丶 𠂊	
	心			
课	讠			課
	果	丨 冂 冃 日 旦 甲 早 果		
文	丶 亠 𠂇 文			
写	冖	ノ 冖		寫
	与	一 与		
汉	氵	丶 冫 氵		漢
	又			
字	宀	丶 丷 宀		
	子			
有	𠂇			
	月	丨 冂 月 月		
在	𠂇	一 ナ 𠂇		
	土	一 十 土		
边	力	𠃌 力		邊
	辶			

那			
谢	讠		謝
	射	身	ノ 亻 ウ 白 乌 身 身
		寸	一 寸 寸
说	讠		說
	兑	⺍	
		口	
		儿	ノ 儿
错	钅		ノ 亠 乍 钅 钅	錯
	昔	卄	
		日	
读	讠		讀
	卖	十	
		买	一 ⺄ 乛 艹 买 买

59

第6课
Lesson 6

①语 音
Phonetics

1. 声母　Initial consonants

   zh　ch　sh　r

2. 拼音　*Pinyin*

声母＼韵母＼音节	a	o	e	-i [ʅ]	ai	ei	ao	ou	an
zh	zha		zhe	zhi	zhai	zhei	zhao	zhou	zhan
ch	cha		che	chi	chai		chao	chou	chan
sh	sha		she	shi	shai	shei	shao	shou	shan
r			re	ri			rao	rou	ran

声母＼韵母＼音节	en	ang	eng	ong	u	ua	uo
zh	zhen	zhang	zheng	zhong	zhu	zhua	zhuo
ch	chen	chang	cheng	chong	chu	chua	chuo
sh	shen	shang	sheng		shu	shua	shuo
r	ren	rang	reng	rong	ru		ruo

音节　韵母　声母	uai	uei (-ui)	uan	uen (-un)	uang	ueng
zh	zhuai	zhui	zhuan	zhun	zhuang	
ch	chuai	chui	chuan	chun	chuang	
sh	shuai	shui	shuan	shun	shuang	
r		rui	ruan	run		

② 生 词
New Words

1. qù	（动）	去	to go
2. shāngdiàn	（名）	商店	shop, store
3. shūdiàn	（名）	书店	bookstore
4. cháng	（副）	常	often, usually, frequently
5. shū	（名）	书	book
6. piányi	（形）	便宜	cheap, inexpensive
7. mǎi	（动）	买	to buy, to purchase
8. duō	（形、代）	多	many, much, more
9. zhǎo	（动）	找	to look for, to try to find, to seek
10. shǒu	（名）	手	hand
11. biǎo	（名）	表	watch (a time piece), form, table
12. shǒubiǎo	（名）	手表	wrist watch
13. jiàn	（动）	见	to see, to catch sight of; to meet with
14. bié	（副）	别	don't

15. zháo jí		着急	worry, to feel anxious
16. zhuōzi	(名)	桌子	desk, table
17. shàng(bian)	(名)	上(边)	upside; on top of
18. chuáng	(名)	床	bed
19. kàn	(动)	看	to look at, to see, to watch, to read
20. shūjià	(名)	书架	bookshelf, bookcase
21. hāhā	(象声)	哈哈	(an onomatope)
22. zhèr	(代)	这儿	here
23. shítáng	(名)	食堂	dining hall
24. nàr	(代)	那儿	there
25. huí	(动)	回	to go back, to return, to answer or reply (a letter)
26. zǒu	(动)	走	to leave, to go away, to go, to walk

专名
Proper Noun

Zhōngwén　　　中文　Chinese language

③ 课文
Text

我去书店

1. （在路上　On the way）

   艾　米：山本，你去　商店　吗？
   　　　　Shānběn, nǐ qù shāngdiàn ma?
   　　　　Yamamoto, do you want to go to a shop?

山　本：不，我去书店。

Bù, wǒ qù shūdiàn.

No, I want to go to a bookstore.

艾　米：我也去书店。

Wǒ yě qù shūdiàn.

I want to go to a bookstore, too.

山　本：你常去书店吗？

Nǐ cháng qù shūdiàn ma?

Do you often go to a bookstore?

艾　米：常去。中文书很便宜，我买了很多中文书。

Cháng qù. Zhōngwén shū hěn piányi, wǒ mǎile hěn duō Zhōngwén shū.

Yes, I do. Chinese books are very cheap. I bought a lot of Chinese books.

2．（在大内上子的宿舍　In Ôuchi Kamiko's room）

山　本：Nǐ zhǎo shénme ne?

What are you looking for?

大　内：Shǒubiǎo. Wǒ de shǒubiǎo bú jiàn le.

I'm looking for my watch. My watch is missing.

山　本：Bié zháojí. Zhuōzi shang zhǎo le ma?

Don't worry. Did you look for it on the table?

大　内：Zhǎo le.

Yes, I did.

山　本：Chuáng shang ne?

Did you look for it on your bed?

大　内：Yě zhǎo le.

Yes, I did, too.

山　本：Nǐ kàn, shūjià shang shì shénme?

Look! What's on the bookshelf?

大　内：Hāhā! Zài zhèr ne.

Ha, it is here.

④ 练 习

Exercises

1. 声母　Initial consonants

zh　ch　sh　r

(1) 听和模仿　Listen and imitate

(2) 认读　Read

（3）听写　Dictation

2. 音节　Syllables

（1）朗读四声和重点音节　Read the syllables with tones aloud

shāng	(sháng)	shǎng	shàng	shāngdiàn、shàng、wǎnshang
shū	shú	shǔ	shù	shū、shūdiàn、shūjià
chāng	cháng	chǎng	chàng	cháng
zhāo	zháo	zhǎo	zhào	zháojí、zhǎo
shōu	shóu	shǒu	shòu	shǒu、shǒubiǎo
zhuō	zhuó	(zhuǒ)	(zhuò)	zhuōzi
chuāng	chuáng	chuǎng	chuàng	chuānghu、chuáng
zhē	zhé	zhě	zhè	zhè、zhèr
zhōng	(zhóng)	zhǒng	zhòng	Zhōngguó、Zhōngwén
shēng	shéng	shěng	shèng	shēngcí
(rēn)	rén	rěn	rèn	rén、rènshi
shēn	shén	shěn	shèn	shénme
(rōu)	róu	(rǒu)	ròu	niúròu、dùnniúròu
shī	shí	shǐ	shì	lǎoshī、shí、shì
shān	(shán)	shǎn	shàn	Shānběn

（2）辨音　Distinguish the sounds

zhā	chā	zhè	chè		chái
zhǎn	chǎn	zhuō	chuō	zhǐ	chǐ
zū	zhū	zé	zhé	zǎo	zhǎo
zàn	zhàn	zāng	zhāng	zōng	zhōng

cā	chā	cū	chū	céng	chéng
cǎn	chǎn	cè	chè	cóng	chóng
sū	shū	sú	shú	sǎn	shǎn
sēn	shēn	sài	shài	sǎo	shǎo

(3) 朗读定调音节　Read the syllables and pay attention to the tones

dōu tīng	hái tīng	yě tīng	zài tīng	tīng de
dōu dú	hái dú	yě dú	zài dú	dú de
dōu xiě	hái xiě	yě xiě	zài xiě	xiě de
dōu kàn	hái kàn	yě kàn	zài kàn	kàn de

4. 朗读短语和句子　Read the phrases and the sentences aloud

qù：
    qù shāngdiàn
    qù shūdiàn
    qù cèsuǒ

cháng：
    cháng qù
    cháng mǎi
    cháng kàn
    cháng niàn
    cháng xiě
    cháng chī
    cháng hē

mǎi：
    mǎi shū
    mǎi shǒubiǎo
    mǎi cài
    mǎi mántou
    mǎi mǐfàn
    mǎi niúròu
    mǎi shénme

zhǎo：
    zhǎo shǒubiǎo
    zhǎo shū
    zhǎo rén
    zhǎo lǎoshī
    zhǎo cèsuǒ
    zhǎo shénme
    Nǐ zhǎo shénme?

bié：
    bié qù
    bié mǎi
    bié chī
    bié kàn
    bié xiě
    bié zháojí
    bié shuō

kàn：
    kàn shū
    kàn kèwén
    kàn shénme
    Nǐ kàn shénme?

3. 生词　New words

   (1) 听和模仿　Listen and imitate

   (2) 认读拼音词　Read the *Pinyin* and tell the meaning

   (3) 认读汉字词　Read the Chinese characters and tell the meaning

4. 课文　Text

   (1) 听和模仿　Listen and imitate

   (2) 认读　Read

   (3) 完成会话　Complete the conversations

   1)（在路上，A 和 B 是同学。　On the way. A and B are students.）

   　A：_____，你去_____吗？

   　B：不，我去_____。

   　A：你买什么？

   　B：_____。

   2)（在宿舍　In a dormitory）

   　A：你找_____呢？

   　B：我的_____不见了。

   　A：你看，床上是什么？

   　B：_____。

   3)（在路上，A 和 B 是学生。　On the way. A and B are students.）

   　A：Nǐ qù shāngdiàn ma?

   　B：_____。

   　A：Wǒ yě qù shāngdiàn.

B：_____?

A：Wǒ mǎi shǒubiǎo.

4)（在路上，A 和 B 是学生。 On the way. A and B are students.）

A：Nǐ qù _____ ma?

B：Wǒ qù _____，_____?

A：Wǒ yě qù shūdiàn.

B：_____?

A：Cháng qù. _____?

B：Wǒ mǎi Zhōngwén shū.

5)（在宿舍，A 和 B 是学生。 In a dormitory. A and B are students.）

A：Nǐ zuò shénme ne?

B：Wǒ kàn _____ ne.

A：_____?

B：Wǒ kàn Zhōngwén shū.

A：Nǐ yǒu _____ ma?

B：Wǒ yǒu hěn duō Zhōngwén shū.

A：Nǐ cháng qù _____ ma?

B：Cháng qù, _____ hěn piányi, wǒ mǎi le _____.

(4) 朗读下列句子 Read the sentences aloud

1) Nǐ zhǎo shénme?

2) Wǒ de shǒubiǎo bú jiàn le.

3）Wǒ mǎile hěn duō Zhōngwén shū.

4）Zhuōzi shang yǒu hěn duō shū.

5）Nǐ kàn, shūjià shang shì shénme?

5. 汉字　Chinese characters

（1）认读　Read

（2）给汉字注音　Write the *Pinyin* of the characters

去（　　）　　别（　　）　看（　　）

买（　　）　　找（　　）　常（　　）

商（　　）　　店（　　）　便（　　）

宜（　　）　　没（　　）　桌（　　）

床（　　）　　书（　　）　手（　　）

表（　　）　　急（　　）　子（　　）

（3）听写句子　Sentence dictation

（4）朗读句子　Read the sentences aloud

1）你常去书店吗？

2）你买什么？

3）你找什么？

4）中文书很便宜。

5）我有很多中文书。

6）他的手表在书架上。

7）老师去商店。

8）我们很着急。

9）我晚上做作业。

10）我们每天写汉字。

⑤ 注 释
Notes

1. zh 发音时，注意舌尖抬高，舌尖后部抵住硬腭最前部。不要发成舌叶音 [tʃ]。ch 发音时，注意送气。sh 不要发成舌叶音 [ʃ]。r 不要发成舌叶音 [ʒ]。

In pronouncing "zh", the tip of the tongue raises and the back of the tongue tip is placed against the front part of the hard palate. It can not be pronounced as the laminal [tʃ]. In pronouncing "ch", the attention should be paid to the aspiration. "sh" can not be pronounced as the laminal [ʃ], and "r" can not be pronounced as the laminal [ʒ].

2. zhi chi shi ri 这四个音节的韵母是舌尖后元音 [ʅ], 舌尖后元音韵母 [ʅ] 也用字母 i 表示，因为汉语普通话中韵母 [i] 不出现在声母 zh ch sh r 之后，不会跟韵母 [i] 混淆。

The vowel of the four syllables, "zhi, chi, shi" and "ri", is the back-apical vowel [ʅ], for which the letter "i" is used to stand; as the vowel [i] in the standard Chinese does not occur after the initial consonants, "zh, ch, sh" and "r", the letter "i" stood for the back-apical vowel [ʅ] can not be confused with the vowel [i].

⑥ 汉 字 表
Table of the stroke order of Chinese characters

汉字 Hànzì	结构与笔顺 jiégòu yǔ bǐshùn							繁体 fántǐ
去	土							
	厶	厶	厶					
商	立	丶	亠					
	冂	冂	丨	冂				
	吅	八	八					
		口						
店	广	丶	亠	广				
	占	卜	丨	卜				
		口						
书	乛	乥	书	书				書
常	尚	丷	丨	丷	丷			
		冖						
		口						
	巾							
便	亻							
	更	一	厂	广	戸	百	更 更	
宜	宀							
	且	丨	冂	月	且	且		
买								買
多	夕	丿	勹	夕				
	夕							
找	扌	一	十	扌				
	戈	一	弋	戈	戈			
手	一	二	三	手				

表								錶
见		丨	冂	贝	见			見
别	另	口						
		力						
	刂	丨	刂					
着	丷							
	羊	丶	一	二	三	手		
	目	丨	冂	月	月	目		
急	刍	ク						
		ヨ	ユ	ヨ	ヨ			
	心							
桌	卜							
	日							
	木	一	十	才	木			
床	广							
	木							
看	手	丿	一	二	三	手		
	目							
架	加	力						
		口						
	木							
哈	口							
	合	人						
		一						
		口						
儿								兒
食	人							
	良	丶	ヨ	ヨ	皀	皀	良	
堂	尚							
	土							
回	口							
	口							
走	土							
	走	丨	卜	卟	走			

第 7 课
Lesson 7

① 语 音
Phonetics

1. 韵母 Vowels

   ia ie iao iou (-iu)   ian in iang ing iong

2. 声母 Initial consonants

   j q x

3. 拼音 *Pinyin*

音节 韵母 声母	i	ia	ie	iao	iou (-iu)	ian
j	ji	jia	jie	jiao	jiu	jian
q	qi	qia	qie	qiao	qiu	qian
x	xi	xia	xie	xiao	xiu	xian
	yi	ya	ye	yao	you	yan

音节 韵母 声母	in	iang	ing	iong	ü
j	jin	jiang	jing	jiong	ju
q	qin	qiang	qing	qiong	qu
x	xin	xiang	xing	xiong	xu
	yin	yang	ying	yong	

② 生 词
New Words

1. hǎo	（副）	好	quite, very
2. jiǔ	（形、名）	久	long, for a long time
3. hǎo jiǔ		好久	for a very long time
4. shēntǐ	（名）	身体	health, body
5. zěnmeyàng	（代）	怎么样	how, how do you like...
6. hái	（副）	还	still, yet, also, even more, as well
7. xíng	（形、动）	行	all right, O.K., capable; to go on foot, to walk
8. jǐnzhāng	（形）	紧张	tense, strained, nervous, in short supply
9. nǎr	（代）	哪儿	where
10. tú	（名）	图	picture, drawing, map, chart
11. túshūguǎn	（名）	图书馆	library
12. xué	（动）	学	to study, to learn
13. xuéxí	（动、名）	学习	to study, to learn; study
14. xiūxi	（动）	休息	to rest, to have a rest
15. méi(you)	（副）	没(有)	not, not have, there is not
16. bànfǎ	（名）	办法	way, means
17. kè	（名、量）	课	lesson, subject, course; (a measure word)
18. xià	（动）	下	to finish, to leave off, to get off, to descend

19. děi	（能动）	得	must, have to
20. fùxí	（动）	复习	to review, to revise
21. yùxí	（动）	预习	to prepare lessons before class
22. liàn	（动）	练	to practise, to train, to drill
23. liànxí	（名、动）	练习	exercise, practice; to practise, to train, to drill
24. jí	（副）	极	extremely, exceedingly, utmost
25. jí le		极了	very, extremely, exceedingly
26. yào	（能动、动）	要	should, must, to wish to, to want, to need
27. zhùyì	（动）	注意	to pay attention to, to take note to
28. zài	（副）	再	again, once more
29. zàijiàn		再见	to say good-bye, to bid farewell to

③ 课 文
Text

你身体怎么样

1. （在校园里，大内上子遇见艾米。 On the campus, Ōuchi Kamiko meets with Amy.）

   大 内：好久不见了，你身体怎么样？
   Hǎo jiǔ bú jiàn le, nǐ shēntǐ zěnmeyàng?
   I haven't seen you for a long time. How are you?

   艾 米：还行。
   Hái xíng.
   I'm fairly well.

大 内：学习 紧张 吗？

Xuéxí jǐnzhāng ma?

Does your study keep you busy?

艾 米：很 紧张。

Hěn jǐnzhāng.

Yes, it does.

2. （晚上，艾米在校园里遇见方龙。 In the evening, Amy meets with Fang Long on the campus.）

艾 米：方 老师，您 好！

Fāng lǎoshī, nín hǎo!

Good evening, Teacher Feng.

方 龙：你 好！你 去 哪儿？

Nǐ hǎo! Nǐ qù nǎr?

Good evening. Where are you going?

艾 米：我 去 图书馆。
Wǒ qù túshūguǎn.

I'm going to the library.

方 龙： 晚上 还 学习，也 不 休息休息？
Wǎnshang hái xuéxí, yě bù xiūxixiūxi?

You still study in the evening. You don't have a rest, do you?

艾 米：没 有 办法，学习 太 紧张。每 天 学习 一 课，下了
Méi yǒu bànfǎ, xuéxí tài jǐnzhāng. Měi tiān xuéxí yí kè, xiàle

课 还 得 复习、预习，做 很 多 练习，忙 极 了。
kè hái děi fùxí、yùxí, zuò hěn duō liànxí, máng jí le.

There is no other way. My study keeps me very busy. We learn one lesson every day. After class, I must review, prepare the next lesson and do a lot of exercises, so it keeps me very busy.

方　龙：你 要 注意 身体，别 太 累 了。
　　　　Nǐ yào zhùyì shēntǐ, bié tài lèi le.
　　　　You should take care of yourself. Don't be too tired.

艾　米：谢谢。再 见！
　　　　Xièxie. Zài jiàn!
　　　　Thank you. Good-bye.

方　龙：再 见！
　　　　Zài jiàn!
　　　　Good-bye.

④ 练 习
Exercises

1. 韵母　Vowels

   ia　ie　iao　iou (-iu)　ian　in　iang　ing　iong

   （1）听和模仿　Listen and imitate

   （2）认读　Read

   （3）听写　Dictation

2. 声母　Initial consonants

   j　q　x

   （1）听和模仿　Listen and imitate

   （2）认读　Read

   （3）听写　Dictation

3. 音节　Syllables

   （1）朗读四声和重点音节　Read the syllables with tones aloud

jiū	(jiú)	jiǔ	jiù	hǎo jiǔ
jiān	(jián)	jiǎn	jiàn	jiàn、zài jiàn
yāng	yáng	yǎng	yàng	zěnmeyàng
xīng	xíng	xǐng	xìng	xíng、xìng
jīn	(jín)	jǐn	jìn	jǐnzhāng、zuìjìn、fùjìn
xī	xí	xǐ	xì	xuéxí、fùxí、yùxí、liànxí、xiūxi
xiū	(xiú)	xiǔ	xiù	xiūxi
xiā	xiá	(xiǎ)	xià	xià
jī	jí	jǐ	jì	jí le、zháojí
yāo	yáo	yǎo	yào	yào
xiāo	xiáo	xiǎo	xiào	xiàoyuán
diān	(dián)	diǎn	diàn	shāngdiàn、shūdiàn
piān	pián	piǎn	piàn	piányi
jiā	jiá	jiǎ	jià	shūjià
biān	(bián)	biǎn	biàn	nàbiān
tiān	tián	tiǎn	tiàn	měi tiān
yōu	yóu	yǒu	yòu	yǒu、péngyou
jiāo	jiáo	jiǎo	jiào	jiào
qī	qí	qǐ	qì	qī

(2) 朗读定调音节 Read the syllables and pay attention to the tones

dōu tīng	hái tīng	yě tīng	zài tīng	tīng de
dōu dú	hái dú	yě dú	zài dú	dú de
dōu xiě	hái xiě	yě xiě	zài xiě	xiě de
dōu kàn	hái kàn	yě kàn	zài kàn	kàn de

(3) 朗读短语　Read the phrases aloud

jiàn：
    bú jiàn
    zài jiàn

zěnmeyàng：
    shēntǐ zěmeyàng
    xuéxí zěnmeyàng

jǐnzhāng：
    hěn jǐnzhāng
    tài jǐnzhāng le
    jǐnzhāng jí le

nǎr：
    qù nǎr
    zài nǎr

tú：
    túshū
    kàn tú
    yǒu tú

túshūguǎn：
    qù túshūguǎn
    zài túshūguǎn

xué：
    xué shēngcí
    xué kèwén
    xué Hànzì

xuéxí：
    qù túshūguǎn xuéxí
    zài túshūguǎn xuéxí

xià：
    xià kè
    xià kè le

fùxí：
    fùxí shēngcí
    fùxí kèwén

yùxí：
    yùxí shēngcí
    yùxí kèwén

liàn：
    duō liàn
    cháng liàn
    měi tiān liàn

liànxí：
    zuò liànxí
    liànxí shēngcí
    liànxí Hànzì

jí le：
    hǎo jí le
    lèi jí le
    jǐnzhāng jí le
    máng jí le

yào：
    yào qù
    yào mǎi
    yào zhùyì
    yào xuéxí

4. 生词　New words

　　（1）听和模仿　Listen and imitate

　　（2）认读拼音词　Read the *Pinyin* and tell the meaning

　　（3）认读汉字词　Read the Chinese characters and tell the meaning

5. 课文　Text

　　（1）听和模仿　Listen and imitate

　　（2）认读　Read

　　（3）完成会话　Complete the conversations

1)（A 和 B 在路上相见。　A and B meets each other on the way.）

　　A：好久不见了，你身体怎么样？

　　B：_____，你呢？

　　A：_____，你们学习紧张吗？

　　B：_____。

2)（A 和 B 在校园里相见。　A and B meets each other on the campus.）

　　A：_____，你去哪儿？

　　B：我去_____。

　　A：你去_____做什么？

　　B：我去_____。

3)（在校园里，A 是学生，B 是老师。　On the campus. A is a student, and B is a teacher.）

　　A：_____, nín hǎo!

　　B：_____!

　　A：Hǎo jiǔ _____, nín _____ zěnmeyàng?

B：_____, xièxie, _____?

A：_____.

B：Nǐmen zuìjìn _____ ma?

A：Hěn jǐnzhāng. Wǒ měi tiān jì hěn duō _____, zuò hěn duō _____.

4)（在路上，A 是学生，B 是老师。 On the way. A is a student, and B is a teacher.）

A：Lǎoshī, nín _____?

B：Wǒ qù _____, _____?

A：Wǒ yě qù _____.

B：Nǐ mǎi shénme?

A：_____.

5)（在回宿舍的路上，A 和 B 是学生。 On the way back to the room. Both A and B are students.）

A：_____?

B：Máng jí le. Měi tiān _____.

A：Nǐ yào zhùyì _____, bié _____.

B：_____, zàijiàn!

A：_____.

(4) 朗读下列句子 Read the sentences aloud

1) Wǎnshang Àimǐ zài xiàoyuánli yùjiànle Fāng Lóng.

2) Wǎnshang Shānběn zài xiàoyuánli yùjiànle Bái Huá.

3) Àimǐ qù túshūguǎn.

4) Dànèi Shàngzǐ qù túshūguǎn xuéxí.

5) Wǒmen měi tiān xuéxí yí kè.

6) Wǒ měi tiān fùxí, yùxí, zuò hěn duō liànxí.

6. 汉字 Chinese characters

（1）认读 Read

（2）给汉字注音 Write the *Pinyin* of the characters

久（　　）　见（　　）　身（　　）

体（　　）　休（　　）　息（　　）

学（　　）　习（　　）　您（　　）

怎（　　）　样（　　）　要（　　）

紧（　　）　张（　　）　再（　　）

（3）听写句子 Sentence dictation

（4）朗读句子 Read the sentences aloud

1）你身体怎么样？

2）你们学习紧张吗？

3）我太累了，得休息休息。

4）我每天晚上去图书馆学习。

5）下了课，你做什么？

6）下了课，你去哪儿？

⑤注 释
Notes

1. ia ie 是后响二合元音。iao iou 是中响三合元音。ian in 是前鼻韵母。iang ing iong 是后鼻韵母。

Both "ia" and "ie" are diphthongs, in which the first vowel is light and short, but the second one is louder. Both "iao" and "iou" are triphthongs, in which the first and the third vowels are light and short, but the middle one is louder. Both "ian" and "in" are vowels followed by a front nasal consonant "n", and "iang, ing" and "iong" are vowels followed by a back nasal consonant "ng".

2. j 发音时，舌面前部抵住硬腭前部。注意不要发成舌叶音 [tʃ]。q 发音时，注意送气。x 注意不要发成舌叶音 [ʃ]。

In pronouncing "j", the front part of the tongue is placed against the front part of the hard palate. "j" can not be pronounced as the laminal [tʃ]. In pronouncing "q", the attention should be paid to the aspiration. "x" can not be pronounced as the laminal [ʃ].

3. ü 跟 j q x 相拼时，去掉上面两个点儿。如：jù, qù, xū。

When "ü" is pronounced with "j, q" and "x", the two dots above "ü" are not written, such as "jù, qù" and "xū".

4. iou 前边加声母时写成 -iu。如：liù, jiǔ。

When there is an initial consonant before "iou", "iou" is written as "-iu", such as "liù" and "jiǔ".

5. ia ie iao iou ian in iang ing iong 自成音节时写做 ya ye yao you yan yin yang ying yong。

When used alone as syllables, "ia, ie, iao, iou, ian, in, iang, ing" and "iong" are written as "ya, ye, yao, you, yan, yin, yang, ying" and "yong" respectively.

⑥汉字表
Table of the stroke order of Chinese characters

汉字 Hànzì	结构与笔顺 jiégòu yǔ bǐshùn			繁体 fántǐ
久	丿 ク 久			
身	丿 亻 竹 白 自 身 身			
体	亻			體
	本			
怎	乍			
	心			
样	木	一 十 才 木		樣
	羊	丷		
		手	一 二 手	
还	不			還
	辶			
行	彳			
	丁	一		
		丁	一 丁	
紧	𦉪	ㅛ	丨 ㅛ	緊
	又			
	糸			
张	弓	一 コ 弓		張
	长	丿 ㇀ 长 长		
图	囗			圖
	冬	夂	丿 ク 夂	
		丶	丶 丶	
馆	饣			館
	官	宀		
		㠯	丨 𠂉 㠯 㠯	

第7课

学	业	业	丶	业		學
	一					
	子					
习	丁	刁	习			習
休	亻					
	木					
息	自	丿	亻	冂	白	自
	心					
没	氵					
	殳	几	丿	几		
		又				
办	力					辦
法	八	丿	八			
	氵					
	去					
下	一	丅	下			
得	彳					
	旦	日				
		一				
		寸				
复	𠂉					複/復
	日					
	夂					
预	予	7	7	7		預
		了	7	了		
	页	一	𠂇	厂	𠀅	页	页
练	纟	乙	乡	纟		練
	东	一	𠂇	东	东	东

86

第 7 课

极	木 及　丿　乃　及	極
要	覀　一　丆　丂　币　西　覀 女　く　夂　女	
注	氵 主　丶　亠　㇀　主	
意	音　立　丶　亠　六　立　立 　　日 心	
再	一　厂　冂　冃　再　再	

第 8 课
Lesson 8

① 语音
Phonetics

1. 韵母 Vowels

   üe   üan   ün   er

2. 拼音 *Pinyin*

音节 韵母 声母	üe	üan	ün
n	nüe		
l	lüe		
j	jue	juan	jun
q	que	quan	qun
x	xue	xuan	xun
	yue	yuan	yun

② 生词
New Words

1. yíxiàr	（数量）	一下儿	once, one time, in a short while
2. qǐng	（动）	请	to please, to ask, to invite
3. wèn	（动）	问	to ask, to inquire
4. qǐngwèn	（动）	请问	May I ask...?

5. míngzi	（名）	名字	name	
6. gè	（量）	个	(a measure word)	
7. xuéxiào	（名）	学校	school	
8. xuésheng	（名）	学生	student	
9. wàiyǔ	（名）	外语		
〔wàiwén〕		〔外文〕	foreign language	
10. xuéyuàn	（名）	学院	college, academy, institute	
11. yǐhòu	（名）	以后	after, afterwards, later	
12. bāngzhù	（动）	帮助	to help, to assist	
13. kèqi	（形）	客气	polite, courteous	
14. hùxiāng	（副）	互相	each other	
15. kòngr	（名）	空儿	free time, spare time, empty space	
16. sùshè	（名）	宿舍	dormitory	
17. wánr	（动）	玩儿	to play, to have fun	
18. lóu	（名）	楼	building	
19. huānyíng	（动）	欢迎	to welcome	
20. jièshào	（动）	介绍	to introduce, to give information	
21. wèi	（量）	位	(a measure word)	
22. tóngxué	（名）	同学	schoolmate, classmate	
23. sù	（形）	速	fast, quick, speedy	
24. chéng	（动）	成	to accomplish, to succeed, to turn into, to become	
25. sùchéng	（形）	速成	speeded-up educational program	
26. gāoxìng	（形）	高兴	glad, happy, cheerful	

27. zhù	（动）	住	to live, to reside, to stay, to stop
28. yǔyán	（名）	语言	language
29. huídá	（动）	回答	to answer, to reply
30. qíngkuàng	（名）	情况	circumstances, situation, condition, state of affairs

专 名
Proper Nouns

1. Wáng Cái	王才	name of a Chinese student
2. Fāng Yúntiān	方云天	name of a Chinese student
3. Rìběn	日本	Japan
4. Rìyǔ〔Rìwén〕	日语〔日文〕	Japanese language
5. Hànyǔ	汉语	Chinese language

③ 课 文
Text

我们认识一下儿

1.（在图书馆楼前边 In front of the library）

王　才：你们　好！我们　认识　一下儿，我　叫　王　才。请
　　　　Nǐmen hǎo! Wǒmen rènshi yíxiàr, wǒ jiào Wáng Cái. Qǐn
　　　　问，你　叫　什么　名字？
　　　　wèn, nǐ jiào shénme míngzi?
　　　　Good morning.（or: Good afternoon.）Let's get to know each
　　　　other. My name is Wang Cai. May I ask your name?

山　本：我　叫　山本　正，她　叫　大内　上子。
　　　　Wǒ jiào Shānběn Zhèng, tā jiào Dànèi Shàngzǐ.
　　　　My name is Yamamoto Masa. Her name is Ōuchi Kamiko.

大内：你也是这个学校的学生吗？
Nǐ yě shì zhè ge xuéxiào de xuésheng ma?

Are you also a student in this school?

王才：是。我在外语学院学习日语。
Shì. Wǒ zài wàiyǔ xuéyuàn xuéxí Rìyǔ.

Yes. I study Japanese in the Foreign Language Institute.

山本：太好了，以后请多帮助。
Tài hǎo le, yǐhòu qǐng duō bāngzhù.

That's fine. Please help me with my study in future.

王才：别客气，我们互相帮助吧。有空儿去我宿舍
Bié kèqi, wǒmen hùxiāng bāngzhù ba. Yǒu kòngr qù wǒ sùshè
玩儿，我住5楼232。
wánr, wǒ zhù wǔ lóu èr sān èr.

Not at all. Let's help each other. Please come to my room, when you are free. I live in Building 5, Room 232.

2.（山本正来到王才的宿舍。　Yamamoto comes to Wang Cai's room.）

王　才：Huānyíng, huānyíng! Wǒ lái jièshào yíxiàr. Zhè shì wǒ de hǎo péngyou Fāng Yúntiān. Zhè wèi shì Rìběn tóngxué Shānběn Zhèng, zài sùchéng xuéyuàn xuéxí Hànyǔ.

Welcome, welcome. Let me introduce. This is my good friend, Fang Yuntian. This is a Japanese student, Yamamoto Masa. He studies Chinese in the Institute of Short-Term Chinese Study.

方云天：Nǐ hǎo! Rènshi nǐ hěn gāoxìng.

How do you do? Nice to meet you.

山　本：Wǒ yě hěn gāoxìng.

Nice to meet you, too.

④ 练 习
Exercises

1. 韵母　Vowels

    üe　üan　ün　　er

    （1）听和模仿　Listen and imitate

    （2）认读　Read

    （3）听写　Dictation

2. 音节　Syllables

    （1）朗读四声和重点音节　Read the syllables with tones aloud

    　　xuē　　xué　　xuě　　xuè　　xuéxí、xuéxiào、
    　　　　　　　　　　　　　　　　 xuéyuàn、xuésheng、tóngxué
    　　yuān　yuán　yuǎn　yuàn　xuéyuàn、xiàoyuán

yūn	yún	yǔn	yùn	Fāng Yúntiān
(ēr)	ér	ěr	èr	èr、yíxiàr、kòngr、wánr

(2) **朗读定调音节** Read the syllables and pay attention to the tones

dōu tīng	hái tīng	yě tīng	zài tīng	tīng de
dōu dú	hái dú	yě dú	zài dú	dú de
dōu xiě	hái xiě	yě xiě	zài xiě	xiě de
dōu kàn	hái kàn	yě kàn	zài kàn	kàn de

(3) **朗读短语和句子** Read the phrases and the sentences aloud

yíxiàr：

    rènshi yíxiàr

    jièshào yíxiàr

    shuō yíxiàr

    niàn yíxiàr

    xiě yíxiàr

    kàn yíxiàr

qǐngwèn：

    Qǐngwèn, cèsuǒ zài nǎr?

    Qǐngwèn, túshūguǎn zài nǎr?

    Qǐngwèn, nǐ jiào shénme míngzi?

xuéxiào：

    zhè ge xuéxiào

    nà ge xuéxiào

    wǒmen de xuéxiào

xuésheng：

    yí ge xuésheng

    shì xuésheng

    hěn duō xuésheng

    hǎo xuésheng

    zhè ge xuéxiào de xuésheng

wàiyǔ：

    xuéxí wàiyǔ

    wàiyǔ xuéyuàn

wàiwén：

    wàiwén shū

    xué wàiwén

xuéyuàn：

    wàiyǔ xuéyuàn

    sùchéng xuéyuàn

    zhè ge xuéyuàn

    nà ge xuéyuàn

bāngzhù:
    qǐng duō bāngzhù
    hùxiāng bāngzhù
    Wǒ bāngzhù nǐ, nǐ bāngzhù wǒ.

kèqi:
    bié kèqi
    bú kèqi
    hěn kèqi
    tài kèqi le

hùxiāng:
    hùxiāng bāngzhù
    hùxiāng xuéxí

kòngr:
    yǒu kòngr
    méi yǒu kòngr

sùshè:
    qù sùshè
    wǒ de sùshè

wánr:
    qù wǒ de sùshè wánr
    qù wǒmen de xuéxiào wánr

lóu:
    yī lóu
    èr lóu
    wǔ lóu
    bā lóu
    shí lóu

huānyíng:
    huānyíng nǐ
    huānyíng nǐmen
    huānyíng tóngxuémen

lái:
    Wǒ lái jièshào yíxiàr.
    Wǒ lái shuō yíxiàr.

wèi:
    yí wèi
    zhè wèi
    nà wèi
    nín èr wèi

tóngxué:
    wǒ de tóngxué
    Zhōngguó tóngxué
    Rìběn tóngxué
    Měiguó tóngxué

gāoxìng:
    hěn gāoxìng
    bù gāoxìng
    tài gāoxìng le
    yě hěn gāoxìng

qíngkuàng:
    jièshào qíngkuàng
    xuéxiào de qíngkuàng
    nàr de qíngkuàng
    wǒ de qíngkuàng

3. 生词　New words

　　（1）听和模仿　Listen and imitate

　　（2）认读拼音词　Read the *Pinyin* and tell the meaning

　　（3）认读汉字词 Read the Chinese characters and tell the meaning

4. 课文　Text

　　（1）听和模仿　Listen and imitate

　　（2）认读　Read

　　（3）完成会话　Complete the conversations

　　　1）（在宿舍楼前边，A 是中国学生，B 是外国学生。 In front of the dormitory. A is a Chinese student, and B is a foreign student.）

　　　　A：你好！我们认识一下儿，我叫＿＿＿＿＿，请问，你叫＿＿＿＿＿？

　　　　B：我＿＿＿＿＿。你也是＿＿＿＿＿＿＿＿？

　　　　A：是。我在＿＿＿＿＿学习＿＿＿＿。你是哪国人？

　　　　B：我是＿＿＿＿＿。认识你很＿＿＿＿。

　　　　A：我也＿＿＿＿。有空儿去＿＿＿＿，我住这个楼＿＿＿＿。

　　　　B：好。再见。

　　　2）（B 是外国学生，来到 A 的宿舍。 B is a foreign student. He comes to A's room.）

　　　　A：欢迎，欢迎！我来＿＿＿＿，这是我的好朋友＿＿＿＿，这位是＿＿＿＿＿＿＿。

　　　　B：你好！认识你＿＿＿＿ 。

C：我也＿＿＿＿＿＿＿＿＿＿。你是哪国人？

　　B：我是＿＿＿＿＿＿＿＿＿，我在＿＿＿＿＿＿＿＿学习＿＿＿＿＿＿＿。

　　C：我在＿＿＿＿＿学习＿＿＿＿。我们互相＿＿＿＿吧。

　　B：好，我们＿＿＿＿＿＿＿。

　　A：你喝什么？Kěkǒukělè 行吗？

　　B：行，我喝＿＿＿＿＿。

3) (在校园里，A 是中国学生，B 是外国学生。 On the campus. A is a Chinese student, and B is a foreign student.)

　　A：Nǐ hǎo! Qǐngwèn, nǐ ＿＿＿＿＿＿＿?

　　B：Wǒ jiào ＿＿＿＿＿＿.

　　A：Nǐ shì ＿＿＿＿＿＿＿＿＿?

　　B：Wǒ shì ＿＿＿＿＿ rén. Nǐ shì xuésheng ma?

　　A：Shì. Wǒ shì ＿＿＿＿＿ de xuésheng. Wǒ xuéxí ＿＿＿＿＿.

　　B：Tài hǎo le. Wǒmen ＿＿＿＿＿＿＿＿＿＿＿ ba.

　　A：Hǎo, Wǒmen hùxiāng bāngzhù. Nǐ zhù nǎr?

　　B：Wǒ zhù ＿＿＿＿＿＿＿＿＿, ＿＿＿＿＿?

　　A：Wǒ zhù ＿＿＿＿＿＿＿＿. Huānyíng nǐ yǒu kòngr qù ＿＿＿＿＿＿＿＿＿.

4) (下课后在路上，A 和 B 是学生。 On the way after class. Both A and B are students.)

　　A：Nǐ ＿＿＿＿＿＿?

　　B：Wǒ qù sùshè. ＿＿＿＿＿＿＿＿＿＿＿?

A：Wǒ qù túshūguǎn. Nǐ qù sùshè zuò shénme?

　　　　B：Wǒ qù sùshè _____.

　　　　A：Wǒ qù túshūguǎn _____.

5. 汉字　Chinese characters

　(1) 认读　Read

　(2) 给汉字注音　Write the *Pinyin* of the characters

　　　　请（　　　）　问（　　　）　楼（　　　）

　　　　学（　　　）　校（　　　）　院（　　　）

　　　　帮（　　　）　助（　　　）　语（　　　）

　　　　迎（　　　）　宿（　　　）　舍（　　　）

　　　　介（　　　）　绍（　　　）　玩（　　　）

　　　　云（　　　）　互（　　　）　相（　　　）

　　　　情（　　　）　况（　　　）

　(3) 听写句子　Sentence dictation

　(4) 朗读下列句子　Read the sentences aloud

　　　1) 我在外语学院学习日语。

　　　2) 我在速成学院学习汉语。

　　　3) 以后请多帮助。

　　　4) 有空儿去我们宿舍玩儿。

　　　5) 他是我的好朋友。

　　　6) 这位是美国同学。

⑤ 注 释
Notes

1. üe 是后响二合元音。üan ün 是前鼻韵母。

"üe" is a diphthong, in which the first vowel is light and short, but the second one is louder. Both "üan" and "ün" are vowels followed by the front nasal consonant "n".

2. er 是用双字母表示的单元音。这里的 e 是央元音 [ə]，r 表示卷舌的动作。er 不跟辅音相拼，只能自成音节。如：ér、ěr、èr。

"er" is a monophthong composed of two letters, in which "e" is a central vowel [ə], and "r" indicates the curling of the tongue in making the sound. "er" is not pronounced with any consonants, but can be used as an independent syllable, such as "ér, ěr" and "èr".

3. 儿化韵母-r

韵母 er 常用在其他韵母的后面，使这个韵母变为儿化韵母，并跟原来音节中的声母结合成一个音节。用拼音字母拼写带儿化韵母的音节时，要在原来的音节之后加上表示儿化的 r，如 wánr、kòngr。用汉字书写带儿化韵母的音节时，要在原来的汉字之后加上"儿"。如"玩儿、空儿"。

The vowel "er" is sometimes attached to another vowel of a syllable to form a retroflex vowel, and this retroflex vowel together with the initial consonant of the original syllable becomes one syllable. In writing of this syllable, only "r" is added to the original syllable to stand for the retroflex vowel, such as "wánr" and "kòngr"; and in writing of characters, 儿 is written after the original word to represent "r" of the syllable, such as 玩儿 and 空儿.

4. üe üan ün 自成音节时写成 yue yuan yun。

When used alone as syllables, "üe, üan" and "ün" are written as "yue, yuan" and "yun" respectively.

⑥ 汉字表
Table of the stroke order of Chinese characters

汉字 Hànzì	结构与笔顺 jiégòu yǔ bǐshùn			繁体 fántǐ
请	讠			請
	青	丰		
		月		
问	门			問
	口			
名	夕			
	口			
个	丿 人 个			個/箇
校	木			
	交	六		
		乂		
外	夕			
	卜 丨 卜			
语	讠			語
	吾	五		
		口		
院	阝			
	完	宀		
		元	一	
			元 一 丁 元	

第 8 课

以	レ	レ	レ	
	丿	丿	人	
后	厂	一	厂	厂	後
	口				
助	且	丨	冂	月	月	且	
	力						
客	宀				
	各	夂			
		口			
气	丿	⺈	气	气	氣
互	一	互	互	互	
相	木				
	目				
空	穴	宀			
		八			
	工	一	丅	工	
宿	宀							
	佰	亻						
		百	一	丆	丆	百	百	百
舍	人				
	千	一	二	千	
	口				
玩	王	一	二	千	王	
	元					
楼	木				樓
	娄	米			
		女			

100

迎	卬	ㄈ	ㄏ	ㄈ				
		ㄗ	ㄏ	ㄗ				
	辶							
介	人							
	刂	丿	刂					
绍	纟							紹
	召	刀	𠃌	刀				
		口						
位	亻							
	立							
同	冂							
	一	一						
	口	口						
速	束	一	厂	冂	曰	申	東	束
	辶							
成	一	厂	厅	成	成	成		
高	亠							
	口							
	冋	冂						
		口						
兴	⺌							興
	一	八						
住	亻							
	主							
言	亠							
	三	一	二					
	口							

答	竹	灬	ノ	𠂉	灬	
		灬				
	合					
情	忄					
	青					
况	冫	丶	冫			
	兄	口				
		儿				
才	一	十	才			
云	一					雲
	云	一	云	云		
日						

第9课
Lesson 9

① 生 词
New Words

1. xiǎo	（形、头）	小	small, little, petty, young
2. míngtiān	（名）	明天	tomorrow
3. shì	（名）	事	thing, matter, affair, business
4. xiǎng	（动、能动）	想	to think, to want to, to miss
5. jiā	（名、量）	家	family, home; (a measure word)
6. yuǎn	（形、名）	远	far, distant, remote
7. zhǐ	（副）	只	only, merely, just
8. lǐ	（量）	里	*li* (= ½ kilometer)
9. lù	（名）	路	road, path, way, distance, route
10. dōu	（副）	都	all, already, even
11. yéye	（名）	爷爷	grandfather
12. nǎinai	（名）	奶奶	grandmother
13. bàba	（名）	爸爸	father
14. māma	（名）	妈妈	mother
15. gēge	（名）	哥哥	elder brother
16. sǎozi	（名）	嫂子	sister-in-law

17.	nàme	（代）	那么	so, like that, in that way
18.	gōngyuán	（名）	公园	park
19.	zuótiān	（名）	昨天	yesterday
20.	hé	（连、介）	和	and, with
21.	yìqǐ	（副、名）	一起	altogether, together
22.	huā	（名）	花	flower
23.	lǐ(bian)	（名）	里(边)	inside
24.	hóng	（形）	红	red
25.	huáng	（形）		yellow
26.	lán	（形）		blue
27.	bái	（形）	白	white
28.	zǐ	（形）		purple, violet
29.	hǎokàn	（形）	好看	good-looking, nice, interesting
30.	zhème	（代）	这么	so, such, this way, like this

专 名
Proper Noun

Dīng Lán		丁兰	name of a person

② 课 文
Text

明天你有空儿吗

1. （在丁兰的宿舍　In Ding Lan's room）

丁 兰：上子，明天 你 有 空儿 吗？
Shàngzǐ, míngtiān nǐ yǒu kòngr ma?

Ôuchi, are you free tomorrow?

大 内：什么 事儿？
Shénme shìr?

What's the matter?

丁 兰：我 想 请 你 去 我 家 玩儿。
Wǒ xiǎng qǐng nǐ qù wǒ jiā wánr.

I'd like invite you to my home.

大 内：你 家 远 吗？
Nǐ jiā yuǎn ma?

Is your home far away?

丁 兰：不 远，只 有 八九 里 路。
Bù yuǎn, zhǐ yǒu bā jiǔ lǐ lù.

No, it is only eight or nine *li* far.

大内：你家 都 有 什么 人？

Nǐ jiā dōu yǒu shénme rén?

Who are your family members?

丁 兰：爷爷、奶奶、爸爸、妈妈、哥哥、嫂子 和 我。

Yéye、nǎinai、bàba、māma、gēge、sǎozi hé wǒ.

My grandfather, grandmother, father, mother, elder brother and his wife and me.

大内：那么 多 人，我 不 想 去。

Nàme duō rén, wǒ bù xiǎng qù.

There are so many people. I don't want to go.

丁 兰：不去 我家，我们 去 公园儿，好 不 好？

Bú qù wǒ jiā, wǒmen qù gōngyuánr, hǎo bu hǎo?

If you don't want to go, let's go to the park, shall we?

大　内：好，明天　见！
　　　　　　Hǎo, míngtiān jiàn!
　　　　　　Fine. See you tomorrow.

2. 短文　Short passage

　　　Zuótiān, Xiǎo Dīng hé Dànèi yìqǐ qù gōngyuánr kàn huār. Gōngyuánrli yǒu hěn duō huār: hóng de、huáng de、lán de、bái de、zǐ de, hǎokàn jí le.

　　　Xiao Ding and Ôuchi went to the park to see flowers yesterday. There were a lot of flowers in it. There were red flowers, yellow flowers, blue flowers, white flowers and purple flowers. They were very beautiful.

③ 练　习
Exercises

1. 音节　Syllables

　（1）朗读定调音节　Read the syllables and pay attention to the tones

dōu tīng	hái tīng	yě tīng	zài tīng	tīng de
dōu dú	hái dú	yě dú	zài dú	dú de
dōu xiě	hái xiě	yě xiě	zài xiě	xiě de
dōu kàn	hái kàn	yě kàn	zài kàn	kàn de

　（2）朗读音节　Read the syllables aloud

第9课

yě xiě：

 nǐ hǎo
 wǒ xiǎng
 wǒ yǒu
 qǐng nǐ
 hǎo jiǔ
 shǒubiǎo

yě tīng：

 Xiǎo Dīng
 nǐ jiā
 lǎoshī
 jǐnzhāng
 hěn duō

yě dú：

 hěn máng
 hěn hóng
 hěn lán
 hěn bái
 nǐ lái

yě kàn：

 hǎokàn
 yǒu kòngr
 kěshì
 mǐfàn
 wǒ qù
 nǐ yào

xiě de：

 wǒmen
 nǐmen
 nǎinai
 sǎozi
 zǐ de
 wǎnshang

tīng de：

 māma
 gēge
 zhuōzi
 chuānghu
 xiūxi
 tā de

dú de：

 yéye
 hóng de
 lán de
 bái de
 …jí le
 míngzi

kàn de：

 bàba
 kèqi
 rènshi
 qù ba
 zuò le
 xià le

（3）朗读短语和句子　Read the phrases and the sentences aloud

xiǎo：
  Xiǎo Dīng
  Xiǎo Fāng
  Xiǎo Wáng
  Xiǎo Bái

xiǎng：
  Wǒ xiǎng qù shāngdiàn.
  Wǒ xiǎng qù túshūguǎn.
  Wǒ xiǎng qǐng nǐ qù wǒ jiā wánr.

yuǎn：
  hěn yuǎn
  bù yuǎn
  bú tài yuǎn
  yuǎn jí le

lǐ：
  bā jiǔ lǐ
  sān sì lǐ
  wǔ liù lǐ
  qī bā lǐ

dōu：
  dōu tīng
  dōu lái
  dōu yǒu
  dōu qù
  dōu mǎi
  dōu shì

nàme：
  nàme duō
  nàme yuǎn
  nàme hǎo
  nàme bái
  nàme hǎokàn

gōngyuánr：
  qù gōngyuánr
  zài gōngyuánr
  yǒu yí ge gōngyuánr
  xiǎo gōngyuánr

hé：
  yéye hé nǎinai
  bàba hé māma
  gēge hé sǎozi
  wǒ hé nǐ
  nǐmen hé tāmen

yìqǐ：
  yìqǐ qù
  yìqǐ lái
  yìqǐ kàn
  yìqǐ niàn
  yìqǐ wánr
  yìqǐ xuéxí

li：
  gōngyuànrli
  xiàoyuánli
  sùshèli
  túshūguǎnli

hǎokàn：
  hěn hǎokàn
  hǎokàn jí le
  bù hǎokàn
  bú tài hǎokàn

2. 生词　New words

(1) 听和模仿　Listen and imitate

(2) 认读拼音词　Read the *Pinyin* and tell the meaning

(3) 认读汉字词　Read the Chinese Characters and tell the meaning

3. 课文　Text

(1) 听和模仿　Listen and imitate

(2) 认读　Read

(3) 完成会话　Complete the conversations

1)（在宿舍里　In the dormitory）

A：_____，明天你有空儿吗？

B：_____。

A：我想请你_____。

B：那个公园远吗？

A：不远，只有_____。

2)（在宿舍里　In the dormitory）

A：_____，明天去我家玩儿好不好？

B：你家远吗？

A：_____。

B：你家都有什么人？

A：_____。

B：好吧，明天去你家。

3)（在宿舍，A 和 B 是学生。　In the dormitory. Both A and B are students.）

A：Zuótiān nǐ qù nǎr le?

B：Wǒ qù Dīng Lán jiā le.

　　A：_____?

　　B：Bù yuǎn, zhǐ yǒu _____.

　　A：Tā jiā dōu yǒu shénme rén?

　　B：Yǒu _____.

　　A：Tā yéye hé nǎinai hǎo ma?

　　B：_____.

　　A：Bàba hé māma ne?

　　B：Yě _____.

4）（在宿舍，A 和 B 是学生。 In the dormitory. Both A and B are students.）

　　A：Míngtiān, wǒmen qù nǎr wánr?

　　B：Qù _____, zěnmeyàng? Gōngyuánli yǒu hěn duō _____, _____ jí le.

　　A：Hǎo ba.

　　B：Wǒ de hǎo péngyou Dīng Lán yě hé _____ yìqǐ _____, hǎo ma?

　　A：Tài _____ le! Tā yě shì wǒ de _____.

(4) 回答问题　Answer the questions

　　1) 昨天小丁和大内上子去哪儿看花儿了？

　　2) 公园儿里花儿多不多？

　　3) 都有什么花儿？

　　4) 好看吗？

4. 汉字　Chinese characters

（1）认读　Read

（2）给汉字注音　Write the *Pinyin* of the characters

小（　　）　　明（　　）　　昨（　　）

想（　　）　　都（　　）　　事（　　）

家（　　）　　远（　　）　　爷（　　）

奶（　　）　　爸（　　）　　妈（　　）

哥（　　）　　嫂（　　）　　路（　　）

公（　　）　　园（　　）　　花（　　）

（3）听写句子　Sentence dictation

（4）朗读句子　Read the sentences aloud

1）我想请你去我家玩儿。

2）我想请你去公园儿玩儿。

3）我们去公园好不好？

4）我们去图书馆好不好？

5）你家远吗？

6）你家都有什么人？

⑤注　释
Notes

1. 第三声的变调　Changes of the 3rd tone

（1）两个第三声相连，前一个第三声念成近似第二声。如：

When a third tone is followed by another third tone, the first 3rd tone is nearly pronounced as a 2nd tone. e.g.

你好　Nǐ hǎo →Ní hǎo

也写　yě xiě →yé xiě

（2）第三声在第一声、第二声、第四声之前变为只降不升的调子。如：

When there is a 1st, a 2nd or a 4th tone before a 3rd tone, the 3rd tone is pronounced as a falling tone, e.g.

也说　yě shuō→yě shuō

也读　yě dú→yě dú

也看　yě kàn→yě kàn

（3）第三声在本调是第三声的轻声之前时，变成近似第二声（"奶奶""嫂子""姐姐"等除外）；在本调是第一声、第二声、第四声的轻声之前，变为只降不升的调子。如：

When a 3rd tone is followed by a light tone which is changed from a 3rd tone, the 3rd is nearly pronounced in a 2nd tone, (except "奶奶" "嫂子" and "姐姐"). When a 3rd tone is followed by a light tone which is changed from a 1st, a 2nd or a 4th tone, this 3rd tone is pronounced as a falling tone. e.g.

想想　xiǎngxiang→xiángxiang

喜欢　xǐhuan →xǐhuan

我们　wǒmen →wǒmen

晚上　wǎnshang →wǎnshang

2."一"的变调　The tone changes of 一

"一"单用或连用，用在词语末尾或用在数词中间时，声调不变，都念第一声。如：

When 一 is used singly or in series, or appears at the end of a word or in the middle of a numeral phrase, its 1st tone remains unchanged. e.g.

"一、一一介绍、第一、一百一十一"。

1) 在第一声、第二声、第三声之前念成第四声。如：

When 一 appears before a 1st, a 2nd and a 3rd tone, its 1st tone is changed into a 4th tone, e.g.

一天　　　yītiān →yìtiān

一瓶　　　yīpíng→yìpíng

一起　　　yīqǐ　→yìqǐ

2) 在第四声之前念成第二声。如：

When 一 appears before a 4th tone, its 1st tone is changed into a 2nd tone. e.g.

一样　　　yīyàng →yíyàng

一共　　　yīgòng →yígòng

3. "不"的变调　The tone changes of 不

"不"单用或用在第一声、第二声、第三声之前时，声调不变，都念第四声。如："不、不多、不来、不好"。在第四声之前念成第二声。如：

When 不 is used singly or before a 1st, a 2nd and a 3rd tone, its tone remains unchanged, such as 不, 不多, 不来 and 不好. When 不 appears before a 4th tone, its tone is changed into a 2nd one. e.g.

不对　　　bù duì →bú duì

不去　　　bù qù →bú qù

4. 轻声 Light tone

轻声是一种轻短而又模糊的调子。轻声音节本来有一定的声调，由于音节弱化，发生了音变。如：

In pronunciation, a light tone is light, short and vague. The light tone syllable originally has a certain tone. The lightening of the syllable causes the change of the tone. e.g.

桌子	zhuōzi	说的	shuō de
房子	fángzi	读的	dú de
你们	nǐmen	写的	xiě de
爸爸	bàba	看的	kàn de

⑤ 汉 字 表
Table of the stroke order of Chinese characters

汉字 Hànzì	结构与笔顺 jiégòu yǔ bǐshùn		繁体 fántǐ
小			
明	日		
	月		
事	一 厂 广 戸 写 写 写 事		
想	相		
	心		
家	宀		
	豕	一 丆 丁 豕 豕 豕 豕	
远	元		遠
	辶		
只	口		隻
	八		

里	丨 冂 冃 日 旦 甲 里							(裹/裡)
路	𧾷	口						
		止	丨	卜	𫝀	止		
	各							
都	者	耂						
		日						
	阝							
爷	父	丶	八	分	父			爺
	卩							
奶	女							
	乃	丿	乃					
爸	父							
	巴							
妈	女							媽
	马							
哥	可	丁	一	可	可			
		口						
	可							
嫂	女							
	叟	申	丶	亻	乍	臼	申	
		又						
公	八							
	厶							
园	口							園
	元							
昨	日							
	乍							

116

和	禾	ノ	二	千	禾	禾	
	口						
起	走	土	キ	卡	走	走	
	己						
花	艹						
	化						
红	纟						紅
	工						
丁							
兰	丷						蘭
	三						

第 10 课
Lesson 10

① 生 词
New Words

1.	tīng	（动）	听	to listen to, to hear
2.	lù yīn		录音	to record
3.	lùyīn	（名）	录音	sound recording
4.	fā yīn		发音	to pronounce
5.	fāyīn	（名）	发音	pronunciation
6.	nán	（形）	难	difficult, hard, unpleasant
7.	juéde	（动）	觉得	to feel, to think
8.	kě	（连）	可	but, yet
9.	kěshì	（连）	可是	but, yet, however
10.	shēngdiào	（名）	声调	tone, intonation
11.	bǐjiào	（副）	比较	quite, comparatively, rather, fairly
12.	róngyi	（形）	容易	easy
13.	yídìng	（副）	一定	surely, certainly, be bound to
14.	gēn	（介、连）	跟	with; and
15.	yíyàng	（形）	一样	the same, alike, as...as
16.	yìsi	（名）	意思	meaning

17. wánquán	（形、副）	完全	complete, whole; completely, entirely
18. zhèng	（副）	正	just, right, exactly
19. zěnme	（代）	怎么	what's to be done, how
20. bàn	（动）	办	to do, to handle, to manage
21. fāngfǎ	（名）	方法	way, means, method
22. yòng	（动、介、名）	用	to use, to need; in the way of..., with; usefulness, use
23. shíhou	（名）	时候	(the duration of) time, (a point in) time, moment
24. yìbiān…yìbiān…		一边…一边…	at the same time, simultaneously
25. zào	（动）	造	to make, to build
26. jù	（名、量）	句	sentence; (a measure word)
27. jùzi	（名）	句子	sentence
28. shì	（动）	试	to try, to attempt
29. yǔyīn	（名）	语音	phonetics, pronunciation
30. kǒushì	（动）	口试	oral examination
31. bǐshì	（动）	笔试	written examination
32. tīngxiě	（动）	听写	to dictate, to have a dictation

② 课 文
Text

你做什么呢

1.（王才在山本的宿舍。　Wang Cai is in Yamamoto's room.）

王 才：山本，你做 什么 呢？
Shānběn, nǐ zuò shénme ne?

Yamamoto, what are you doing?

山 本：我 听 录音 呢。
Wǒ tīng lùyīn ne.

I'm listening to the tape recording.

王 才：汉语 的 发音 难 不 难？
Hànyǔ de fāyīn nán bu nán?

Is the pronunciation of Chinese difficult?

山 本：我 觉得 发音 不 太 难，可是 声调 很 难。
Wǒ juéde fāyīn bú tài nán, kěshì shēngdiào hěn nán.

I think the pronunciation is not very difficult, but the tones are very difficult.

王 才：汉字 比较 容易 吧？
Hànzì bǐjiào róngyi ba?

Chinese characters are comparatively easy, aren't they?

山　本：不一定。日语的汉字跟汉语发音不一样，词的
　　　　Bù yídìng. Rìyǔ de Hànzì gēn Hànyǔ fāyīn bù yíyàng, cí de

　　　　意思也不完全一样。
　　　　yìsi yě bù wánquán yíyàng.

　　　　Not exactly. The pronunciations of Chinese characters in Japanese are not the same as those in Chinese, and the meanings are also not exactly the same.

2．（在校园里　On the campus）

大　内：Bái lǎoshī, nín hǎo!

　　　　Good morning, Teacher Bai.

白　华：Nǐ hǎo!

　　　　Good morning.

大　内：Wǒ zhèng xiǎng qù zhǎo nín ne.

　　　　I just want to see you.

白　华：Yǒu shìr ma?

　　　　What's the matter?

大　内：Wǒmen měi tiān xué nàme duō shēngcí. Wǒ jì bu zhù, zěnme bàn ne?

　　　　We learn so many new words everyday, and I can not remember them. What shall I do?

白　华：Bié zháojí, jì shēngcí děi zhùyì fāngfǎ.

　　　　Don't worry. You should pay attention to the way to remember new words.

大　内：Yòng shénme fāngfǎ hǎo ne?

　　　　What way should I use?

白　华：Jì shēngcí de shíhou yào yìbiān niàn, yìbiān xiǎng, yìbiān xiě, yìbiān zào jù.

When you are remembering the new words, you should read them, think of them, write them and make sentences with them.

大　内：Wǒ shìshi.

I'll try it.

③ 练 习
Exercises

1. 音节　Syllables

   （1）定调音节　Syllables with tones

都听	还听	也听	再听	听的
都读	还读	也读	再读	读的
都写	还写	也写	再写	写的
都看	还看	也看	再看	看的

   （2）朗读双音节　Read the disyllables aloud

   都听：都说、他听、他说、发音

   都读：生词、欢迎、公园、方龙、丁兰、中国

   都写：身体、方法、山本、他写

   都看：商店、书店、书架、帮助、高兴、声调

   还听：明天、昨天、王欢、您听

   还读：着急、学习、同学、完全、王才、食堂、回答

   还写：您写、您有、您找、您想、您好

还看：一共、一定、一样、学校、学院、情况
也听：老师、每天、紧张、你说、语音
也读：美国、你来、我学、很忙、语言
也写：手表、好久、你好、我有
也看：请问、以后、好看、比较、口试、笔试
再听：互相、录音、一边、不吃
再读：课文、日文、复习、预习、练习、外文、速成
再写：办法、外语、一起、日语、汉语、艾米
再看：贵姓、最近、作业、汉字、注意、再见、宿舍、介绍、造句
听的：他们、桌子、休息、妈妈、哥哥
读的：什么、朋友、便宜、极了、名字、学生、爷爷、容易、时候
写的：我们、你们、晚上、奶奶、嫂子、怎么
看的：认识、客气、爸爸、那么、意思、句子、这么

（3）朗读短语和句子　Read the phrases and the sentences aloud

tīng：
    tīng lùyīn
    tīng wǒ jièshào
    tīng wǒ shuō
    tīng wǒ niàn

fāyīn：
    fāyīn hěn nán
    fāyīn bù nán
    tā de fāyīn hěn hǎo

nán：
    fāyīn hěn nán
    shēngdiào hěn nán
    Hànzì hěn nán

shēngdiào：
    zhùyì shēngdiào
    liànxí shēngdiào

bǐjiào：
    bǐjiào hǎo
    bǐjiào nán
    bǐjiào róngyi
    bǐjiào piányi

róngyi：
    hěn róngyi
    bù róngyi
    róngyi jí le

yídìng：
    bù yídìng
    yídìng lái
    yídìng qù
    yídìng mǎi

gēn：
    gēn tā yíyàng
    gēn tā bù yíyàng

yìsi：
    cí de yìsi
    kèwén de yìsi
    jùzi de yìsi

wánquán：
    wánquán yíyàng
    wánquán bù yíyàng
    bù wánquán yíyàng

zěnme：
    zěnme bàn
    zěnme xué
    zěnme niàn
    zěnme xiě
    zěnme shuō

fāngfǎ：
    liànxí de fāngfǎ
    jì shēngcí de fāngfǎ

shíhou：
    jì shēngcí de shíhou
    zuò liànxí de shíhou

yìbiān…yìbiān…：
    yìbiān niàn yìbiān xiě
    yìbiān shuō yìbiān zuò
    yìbiān chī yìbiān kàn
    yìbiān kàn yìbiān xiǎng
    yìbiān xiě yìbiān zào jù

yǔyīn：
    xuéxí yǔyīn
    zhùyì yǔyīn
    liànxí yǔyīn

kǒushì：
    yǒu kǒushì
    míngtiān yǒu kǒushì

bǐshì：
    yǒu bǐshì
    míngtiān yǒu bǐshì

tīngxiě：
    yǒu tīngxiě
    míngtiān yǒu tīngxiě

2. 生词　New words

　(1) 听和模仿　Listen and imitate

　(2) 认读拼音词　Read the *Pinyin* and tell the meaning

　(3) 认读汉字词　Read the Chinese characters and tell the meaning

3. 课文　Text

　(1) 听和模仿　Listen and imitate

　(2) 认读　Read

　(3) 完成会话　Complete the conversations

　1)（中国学生A在外国学生B的宿舍。A Chinese student, A, is in the dormitory of a foreign student, B.）

　　A：＿＿＿＿＿＿，你做什么呢？

　　B：＿＿＿＿＿＿＿＿＿＿＿＿＿＿＿。

　　A：汉语难不难？

　　B：＿＿＿＿＿不太难，＿＿＿＿＿＿＿＿＿很难。

　　A：你每天晚上做什么？

　　B：＿＿＿＿＿＿＿＿＿＿＿＿＿＿＿。

　2)（外国学生A来到中国学生B宿舍请求帮助。A foreign student, A, Comes to the room of a Chinese student, B, to ask for help.）

　　A：＿＿＿＿＿＿，你有空儿吗？

　　B：有事儿吗？

　　A：你看，这个＿＿＿＿＿＿怎么念？

　　B：念róngyi（容易）。

　　A："容易"是什么意思？

B："容易"的意思是_____。

3)（在日本学生的宿舍，中国学生 A 来看 B。 A Chinese student, A, comes to the room of a Japanese student, B, to see him.）

　　A：_____, _____?

　　B：Wǒ xiě Hànzì ne.

　　A：_____?

　　B：Bú tài nán.

　　A：Rìyǔ de Hànzì gēn Hànyǔ fāyīn yíyàng ma?

　　B：_____.

　　A：Cí de yìsi ne?

　　B：_____.

4)（在外国学生的宿舍，中国学生 A 来看 B。 A Chinese student, A, comes to the room of a foreign student, B, to see him.）

　　A：_____, nǐ zuò shénme ne?

　　B：_____.

　　A：Shēngcí duō bu duō?

　　B：Duō jí le. _____, zěnme bàn ne?

　　A：Bié zháojí. Nǐ jì shēngcí de shíhou yào yìbiān _____, yìbiān _____, yìbiān _____, yìbiān _____.

　　B：Wǒ _____.

(4) 回答问题　Answer the questions

　　1) 王才去山本宿舍的时候，山本做什么呢？

　　2) 山本说什么不太难，什么很难？

　　3) 日语的汉字跟汉语发音一样不一样？

　　4) 词的意思一样吗？

4. 汉字　Chinese characters

　(1) 认读　Read

　(2) 给汉字注音　Write the *Pinyin* of the characters

　　　听（　　）　录（　　）　音（　　）

　　　难（　　）　声（　　）　调（　　）

　　　比（　　）　完（　　）　跟（　　）

　　　时（　　）　候（　　）　用（　　）

　　　容（　　）　易（　　）　定（　　）

　　　试（　　）　边（　　）

　(3) 听写句子　Sentence dictation

　(4) 朗读句子　Read the sentences aloud

　　1) 你做什么呢？

　　2) 我听录音呢。

　　3) 发音比较容易。

　　4) 我想买中文书。

　　5) 我记不住生词，怎么办呢？

　　6) 我们每天学习很多汉字。

④注释
Notes

1. 副词"不" The adverb 不

"不"用于"太、很、完全、都"等之前时,表示部分否定。如:不太难、不很好、不完全一样、不都去。

When 不 is used before 太,很,完全 and 都, it indicates a part negative, such as, 不太难, 不很好, 不完全一样 and 不都去.

"不"用于"太、很、完全、都"等之后时,表示完全否定。如:太不一样了、很不好、完全不一样、都不去。

When 不 is used after 太,很,完全 and 都, it indicates an entire negative, such as, 太不一样了, 很不好, 完全不一样 and 都不去.

2. 副词"都" The adverb 都

副词"都",表示总括。可用于前指,也可用于后指。用于后指时,限于特指疑问句,答句不再用"都"。如:

The adverb 都 indicates summing up. It can sum up the preceding elements as well as the following elements. When 都 is used to sum up the following elements, it can only appear in special question, and in answering to such sentences, 都 is not used again, e. g.

1) 你们都去公园吗?

——我们都去。

2) 你家都有什么人?

——我家有爷爷、奶奶、爸爸、妈妈……

3. 量词 Measure word

在汉语中,数词和名词中间一般要加量词。如:一个人、三里路。

Usually in Chinese, there is a measure word between a numeral and a noun, such as 一个人 and 三里路.

4. 中国人的姓名　Names of Chinese people

姓在前，名在后。如：方龙、白华。

Surnames are before given names, such as 方龙 and 白华.

⑤ 汉 字 表

Table of the stroke order of Chinese characters

汉字 Hànzì	结构与笔顺 jiégòu yǔ bǐshùn			繁体 fántǐ
听	口			聽/听
	斤			
录	⺕	ㄱ　ㅋ　⺕		録
	氺	｜　丿　⺀　氺　氺		
音				
发	⺌	⼀　ナ　发　发		發
	又			
难	又			難
	隹	亻		
		圭	丶　亠　三　⺀　圭	
觉	龸			覺
	见			
声	士	一　十　士		
	⼫	⼀　⼉　ユ　⼫		
调	讠			調
	周	冂	丿　冂	
		吉	土	
			口	

第 10 课

比	比							
	匕							
较	车	一	士	车	车			较
	交							
容	宀							
	人							
	口							
易	日							
	勿	勹	ノ	勹				
		ノ	ノ	ノ				
定	宀							
	疋							
跟	𧾷							
	艮							
思	田							
	心							
完	宀							
全	王							
用	刀							
	丰	一	二	丰				
时	日							時
	寸							
候	亻	ノ	亻	亻				
	癸	ユ	丁	ユ				
		矢	ノ	广	𠂉	矢	矢	
造	告	牛	ノ	广	牛	告		
	口							
	辶							

句	勹 口							
试	讠 式	弋 工	一	二	亍	式	式	試
笔	竹 毛	一	二	三	毛			筆

第 11 课
Lesson 11

① 课 文
Text

海伦是谁

（一）

（在大内的宿舍　In Ôuchi's room）

贝　拉：大内，你 想 家 吗？
　　　　Dànèi, nǐ xiǎng jiā ma?

大　内：想。
　　　　Xiǎng.

贝 拉：你家有几口人？
Nǐ jiā yǒu jǐ kǒu rén?

大 内：四口人：爸爸、妈妈、哥哥和我。
Sì kǒu rén: bàba、māma、gēge hé wǒ.

贝 拉：你爸爸做什么工作？
Nǐ bàba zuò shénme gōngzuò?

大 内：他是大学老师。
Tā shì dàxué lǎoshī.

贝 拉：你妈妈呢？
Nǐ māma ne?

大 内：她是大夫。
Tā shì dàifu.

贝 拉：你哥哥也是学生吗？
Nǐ gēge yě shì xuésheng ma?

大 内：是，他是研究生。
Shì, tā shì yánjiūshēng.

贝 拉：你哥哥常给你写信吗？
Nǐ gēge cháng gěi nǐ xiě xìn ma?

大 内：最近不常写。
Zuìjìn bù cháng xiě.

贝 拉：他学习一定很忙。
Tā xuéxí yídìng hěn máng.

大 内：是的。还有……他最近交了一个女朋友。
Shì de. Hái yǒu…… tā zuìjìn jiāole yí ge nǚpéngyou.

(二)

(校园里,丁兰和艾米在聊天。 Ding Lan and Amy are talking on the campus.)

丁 兰:今天 晚上,你 做 什么?
　　　Jīntiān wǎnshang, nǐ zuò shénme?

艾 米:给 爸爸、妈妈 写 信,我 很 想 他们。
　　　Gěi bàba、māma xiě xìn, wǒ hěn xiǎng tāmen.

丁 兰:你家还 有 谁?
　　　Nǐ jiā hái yǒu shuí?

艾 米:还 有 海伦。
　　　Hái yǒu Hǎilún.

丁 兰:海伦 是 谁?
　　　Hǎilún shì shuí?

艾 米:你 猜猜。
　　　Nǐ cāicai.

丁 兰：是 你 姐姐 吗？
　　　Shì nǐ jiějie ma?

艾 米：不 对。
Bú duì.

丁 兰：是 你 妹妹 吗？
Shì nǐ mèimei ma?

艾 米：也 不 对。
Yě bú duì.

丁 兰：是……
Shì……

艾 米：一只 小 狗！
Yì zhī xiǎo gǒu!

② 生 词
New Words

1.	谁	（代）	shuí	who
2.	几	（代）	jǐ	how many; some, several
3.	口	（名、量）	kǒu	mouth; (a measure word)
4.	工作	（动、名）	gōngzuò	to work; work, job
5.	大学	（名）	dàxué	university, college
6.	大夫	（名）	dàifu	doctor
7.	研究	（动）	yánjiū	to study, to research
8.	研究生	（名）	yánjiūshēng	graduate student
9.	交	（动）	jiāo	to associate with; to pay, to hand over, to return
10.	女	（形）	nǚ	woman, female
11.	今天	（名）	jīntiān	today
12.	给	（介、动）	gěi	for; to give
13.	封	（量）	fēng	(a measure word)
14.	信	（名）	xìn	letter
15.	猜	（动）	cāi	to guess
16.	姐姐	（名）	jiějie	elder sister
17.	对	（形）	duì	right, correct
18.	妹妹	（名）	mèimei	younger sister
19.	只	（量）	zhī	(a measure word)
20.	狗	（名）	gǒu	dog

21. 校	（名）	xiào	school, college, university
22. 校长	（名）	xiàozhǎng	headmaster, principal, president
23. 家庭	（名）	jiātíng	family
24. 主妇	（名）	zhǔfù	housewife, hostess
25. 医院	（名）	yīyuàn	hospital
26. 公司	（名）	gōngsī	company, corporation
27. 职员	（名）	zhíyuán	office worker, staff member
28. 工厂	（名）	gōngchǎng	factory
29. 工人	（名）	gōngrén	worker
30. 弟弟	（名）	dìdi	younger brother
31. 中学	（名）	zhōngxué	middle school
32. 小学	（名）	xiǎoxué	primary school, elementary school
33. 副	（形）	fù	vice, deputy, assistant
34. 院长	（名）	yuànzhǎng	president
35. 主任	（名）	zhǔrèn	director, chairman, head
36. 经理	（名）	jīnglǐ	director, manager
37. 教学	（名）	jiàoxué	teaching
38. 办公		bàn gōng	work (in an office)
39. 男	（形）	nán	man, male
40. 为	（介）	wèi	for, in order to
41. 为什么		wèi shénme	why
42. 谈	（动）	tán	to talk, to chat, to discuss

专 名
Proper Nouns

1. 海伦　　　Hǎilún　　　　Helen
2. 贝拉　　　Bèilā　　　　 Berra

③ 练 习
Exercises

1. 语音　Pronunciation

   (1) 辨音辨调　Distinguish sounds and tones

   xiǎo gǒu（小狗）　　　　xiě xìn（写信）
   xiǎo kǒu（小口）　　　　xiāngxìn（相信）

   xiǎng jiā（想家）　　　　lǎoshī（老师）
   xiāngjiā（相加）　　　　lǎoshi（老实）

   dàxué（大学）　　　　　yídìng（一定）
   dàxuě（大雪）　　　　　yígòng（一共）

   bāng gōng（帮工）　　　jiàoxué（教学）
   bàn gōng（办公）　　　 xiǎoxué（小学）

   yánjiū（研究）
   yān jiǔ（烟酒）

(2) 双音节声调　　Tones of disyllables

　　dōutīng： 　fāyīn（发音）　　　pīnyīn（拼音）

　　　　　　　　fāshēng（发生）　　fāshāo（发烧）

　　　　　　　　cānjiā（参加）　　　cānguān（参观）

　　　　　　　　kāfēi（咖啡）　　　 fēijī（飞机）

　　　　　　　　xiāngjiāo（香蕉）　　xīngqī（星期）

　　dōudú： 　　shēngcí（生词）　　shēnghuó（生活）

　　　　　　　　huānyíng（欢迎）　　jiātíng（家庭）

　　　　　　　　jiānchí（坚持）　　　zhōngxué（中学）

　　　　　　　　gōngyuán（公园）　　gōngrén（工人）

　　　　　　　　qīngnián（青年）　　fēicháng（非常）

(3) 重音　　Stress

　1) 我们　　　你们　　　他们　　　她们

　2) 老师们　　同学们　　朋友们

　3) 是老师　　是学生　　是大夫　　是工人　　是研究生

　4) 是书　　　是中文书　是我的书　是老师的书

　5) 是商店　　是书店　　是宿舍　　是食堂

　6) 是图书馆　是教学楼　是办公楼

　7) 不是老师　不是学生　不是大夫　不是工人　不是研究生

　8) 不是商店　不是书店　不是宿舍　不是食堂

(4) 语调　　Sentence intonation

　　你是老师吗？　　　　　　你是学生吗？

　　你是中国人吗？　　　　　你是美国人吗？

　　那是书店吗？　　　　　　那是图书馆吗？

　　她是你姐姐吗？　　　　　他是你弟弟吗？

2. 词语　Words and phrases

(1) 朗读短语　Read the phrases aloud

想家　　　　　　　　想你

想爸爸　　　　　　　想我

想妈妈　　　　　　　想他

想哥哥　　　　　　　想你们

想姐姐　　　　　　　想他们

想弟弟　　　　　　　想男朋友

想妹妹　　　　　　　想女朋友

想写信　　　　　　　想去商店

想给爸爸写信　　　　想去书店

想给妈妈写信　　　　想去图书馆

想给老师写信　　　　想去那个楼

想给朋友写信　　　　想写一封信

想给同学写信　　　　想找那位老师

(2) 用下列生词至少组成两个短语　Make at least two phrases with each of the following words

1) 今天　　2) 工作　　3) 男　　4) 女

5) 大学　　6) 医院　　7) 信　　8) 副

(3) 在下列句中填上适当的量词　Write proper measure words in the following sentences

1) 我有三_____中国朋友。

2) 这_____是日本同学山本正。

3) 他昨天写了三＿＿＿＿信。

4) 他家有五＿＿＿＿人。

5) 我想见见那＿＿＿＿老师。

6) 大内不去那＿＿＿＿楼，她去这＿＿＿＿楼。

3. 句型　Sentence patterns

(1) 替换　Substitution

1) <u>我</u>是学生。

你
他
她
我们
你们
他们
我弟弟
我妹妹

2) 你<u>爸爸</u>是<u>大学老师</u>吗？

爷爷	大学校长
奶奶	家庭主妇
妈妈	医院的大夫
哥哥	公司职员
嫂子	工厂的工人
姐姐	中学老师
妹妹	小学老师
弟弟	学生

3) 他是<u>老师</u>吗？
   是，他是<u>老师</u>。

| 大夫 |
| 工人 |
| 学生 |
| 研究生 |
| 校长 |
| 院长 |
| 主任 |
| 经理 |

4) 她也是<u>老师</u>吗？
   不是，她是<u>学生</u>。

老师	校长
校长	副校长
副校长	院长
院长	副院长
副院长	主任
主任	副主任
副主任	经理
经理	职员

5) 那是<u>书店</u>吗？
   那不是<u>书店</u>，那是<u>商店</u>。

商店	书店
宿舍	食堂
图书馆	教学楼
教学楼	办公楼
办公楼	图书馆

（2）回答问题（先否定，再用所给词语作肯定回答）　　Answer the questions (Give a negative answer first, then give an affirmative one with the words given in brackets)

1) 你爸爸是老师吗？（大夫）

2) 你妈妈是大夫吗？（老师）

3) 你哥哥是大学老师吗？（中学老师）

4) 你姐姐是中学老师吗？（小学老师）

5) 你弟弟是学生吗？（工人）

6) 这是你的书吗？（山本）

7) 这是山本的桌子吗？（大内）

8) 这是艾米的床吗？（贝拉）

(9) 这是丁兰的宿舍吗？（艾米）

(10) 这是王才的作业吗？（方云天）

4. 模仿　Imitate

（1）A：<u>大内</u>，你想家吗？

B：想。

A：你家有几口人？

B：<u>四口人</u>：<u>爸爸、妈妈、哥哥和我</u>。

A：<u>贝拉</u>，你想家吗？

B：想。

A：你家有几口人？

B：<u>九口人</u>：<u>爷爷、奶奶、爸爸、妈妈、哥哥、姐姐、弟弟、妹妹和我</u>。

A：_____，你想家吗？

B：想。

A：你家有几口人？

B：____口人：_____和我。

(2) A：你<u>爸爸</u>做什么工作？

B：他是<u>大学老师</u>。

A：你<u>妈妈</u>呢？

B：她是<u>大夫</u>。

A：你<u>哥哥</u>也是学生吗？

B：<u>是，他是研究生</u>。

A：你哥哥做什么工作？

B：他是<u>工人</u>。

A：你<u>姐姐</u>呢？

B：她是<u>中学老师</u>。

A：你<u>妹妹</u>也是学生吗？

B：<u>不是，她是小学老师</u>。

A：你_____做什么工作？

B：他是_____。

A：你_____呢？

B：她是_____。

A：你_____也是学生吗？

B：_____。

(3) A：你哥哥常给你写信吗？

　　B：最近不常写。

　　A：他学习一定很忙。

　　B：是的。还有……他最近交了一个女朋友。

　　A：你姐姐常给你写信吗？

　　B：最近不常写。

　　A：她工作一定很忙。

　　B：是的。还有……她最近交了一个男朋友。

　　A：你_____常给你写信吗？

　　B：最近不常写。

　　A：_____一定很忙。

　　B：是的。还有……_____。

(4) A：今天晚上你做什么？

　　B：给爸爸、妈妈写封信，我很想他们。

　　A：明天晚上你做什么？

　　B：复习课文，记生词。

　　A：_____你做什么？

　　B：_____。

5. 会话　Conversation

(1) 完成会话　Complete the conversations

1)（山本在王才的宿舍聊天。　Yamamoto and Wang Cai are chatting in Wang Cai's room.）

王　才：山本，你想家吗？
山　本：_____。
王　才：_____？
山　本：五口人：_____。你呢？
王　才：我家有_____口人：_____。
山　本：你_____做什么工作？
王　才：他是_____。你_____呢？
山　本：他是_____。
王　才：你常给_____写信吗？
山　本：_____。
王　才：为什么？
山　本：_____。

2)（山本在王才的宿舍聊天。　Yamamoto and Wang Cai are chatting in Wang Cai's room.）

山　本：今天晚上，你做什么？
王　才：_____。你呢？
山　本：我想写信。
王　才：_____？
山　本：不是，是给_____写。
王　才：_____是谁？

山　本：你猜猜。

王　才：是_____吗？

山　本：不对。

王　才：是_____吗？

山　本：也不对。

王　才：是……

山　本：我的好朋友。

（2）按照下列情景，用本课句型谈话　Have a talk on the following topics with the patterns in the text

1）你跟你的同学谈各自的家庭。

2）你跟你的同学谈今天晚上做什么。

3）你跟你的同学谈今天下午去哪儿。

6. 看图说话　Talk about the picture

7. 阅读　Reading

艾米的家

艾米是美国留学生（liúxuéshēng, student studying abroad），她家有三口人。

艾米的爸爸是美国一所（sǒu, a measure word）大学的汉语教师（jiàoshī, teacher）。妈妈是一家医院的大夫。他们每天工作都很忙。

艾米很想家，想她的爸爸、妈妈，还想海伦——她的一只小狗。艾米常给家写信。

(1) 读后回答　Answer the questions after the reading

　　1) 艾米是哪国人？

　　2) 她家有几口人？

　　3) 艾米的爸爸做什么工作？妈妈呢？

　　4) 他们工作忙吗？

　　5) 艾米想家吗？

　　6) 她想谁？还想谁？

　　7) 她常给家写信吗？

(2) 朗读课文　Read the text aloud

8. 汉字　Chinese characters

　　(1) 写出带"女"的汉字　Write some characters with the radical of "女"

　　(2) 写出带"讠"的汉字　Write some characters with the radical of "讠"

(3) 给下列汉字注音并组词或短语　Write the *Pinyin* of the following characters and make phrases with them

1) 注
   住
2) 休
   体
3) 音
   意
4) 几
   九
5) 大
   天
   夫
6) 请
   情
   猜

④ 语 法
Grammar

1. "是"字句　是-sentence

谓语中心语是"是"的句子称为"是"字句。"是"主要起联系和判断的作用，不是句子的语义重点，句子语义重点一般在宾语上。只能用"不"否定。如：

A sentence, in which the central part of the predicate is 是, is known as a 是-sentence. 是 functions as judgment and connection, and is not the semantic focus of the sentence. The semantic focus of a 是-sentence usually is the object. The negative form of a 是-sentence is formed by placing 不 before 是. e.g.

1) 她是大夫。
2) 他不是老师。

2. 是非疑问句（1）　　Yes-no question（1）

说话人提出一件事情，要求听话人做出肯定或否定的回答，就是是非疑问句。这种疑问句可在句尾加上疑问语气词"吗"。一般地说，说话人所问的事情是说话人所希望的或认为可能性比较大的事情。句子的谓语可以是肯定形式，也可以是否定形式。注意，不论问句的谓语是哪种形式，只要听话人承认问句所表达的事实就用"是"等肯定形式回答，如果不承认问句所表达的事实就用"不"或"没"等否定形式回答。如：

When a speaker raises a question and expects the listener to give an affirmative or a negative answer, such sentences are known as a yes-no question, in which the interrogative particle 吗 is placed at the end. Generally speaking, the thing asked about by a speaker is his wishes or what he thinks to be. The predicate in such question can be affirmative or negative. No matter which form is used, the listener should give either the affirmative answer with 是 and so on or the negative one with 不 or 没 according to the fact. e.g.

1) 你常去书店吗？
　　——（我）常去。
　　——（我）不常去。
2) 你不想去商店吗？
　　——是，我不想去。
　　——不，我想去。

⑥ 汉字表
Table of the stroke order of Chinese characters

汉字 Hànzì	结构与笔顺 jiégòu yǔ bǐshùn			繁体 fántǐ
谁	讠			誰
	隹			
几	丿 几			幾
工				
夫	一 二 <i>≠</i> 夫			
研	石	丆 一 丆		
		口		
	开	一 二 开 开		
究	穴			
	九			
交				
女				
今				
给	纟			給
	合			
封	丰	土		
		土 一 十 土		
	寸			
信	亻			
	言			
猜	犭	ノ 犭 犭		
	青			
姐	女			
	且			
对	又			對
	寸			

第 11 课

妹	女							
	未	一	=	十	才	未		
狗	犭							
	句							
长								長
庭	广							
	廷	壬	ノ	一	千	壬		
		㢟	了	㢟				
主								
妇	女							
	ヨ							
医	匚	一	ア	厂	医	灰	医	醫
	矢							
司								
职	耳	一	厂	丌	月	耳	耳	職
	只							
员	口							員
	贝							
厂	一	厂						廠/厰
弟	丷							
	弟	丶	ㄱ	弓	弔	弟		
副	副	一						
		口						
		田						
任	刂							
	亻							
	壬							
经	纟							經
	巠	マ	フ	マ				
		工						

153

第11课

理	王	
	里	
教	孝	耂			
		子	一	了	子
	攵	
男	田	
	力	
为	丶	丿	力	为	為/爲
谈	讠					談
	炎	火	丶	丿	丷	火
		火	丶	丿	丷	火
海	氵	
	每	
伦	亻			倫
	仑	人	
		匕	
贝		貝
拉	扌	
	立	

第12课
Lesson 12

①课文
Text

我请客，你付钱

（一）

（在大街上，山本正和大内上子遇见了方云天。 Yamamoto Masa and Ôuchi Kamiko meet with Fang Yuntian in the street.）

山　本：方　云天，你　好！
　　　　Fāng Yúntiān, nǐ hǎo!

方云天：你们 好。下午 没 有课吗？
　　　　Nǐmen hǎo. Xiàwǔ méi yǒu kè ma?

大　内：有，刚 下课。
　　　　Yǒu, gāng xià kè.

方云天：你们 去 哪儿？
　　　　Nǐmen qù nǎr?

山　本：去 书店。
　　　　Qù shūdiàn.

大　内：他 想 买 一 张 世界 地图，我 想 买 一 本
　　　　Tā xiǎng mǎi yì zhāng shìjiè dìtú, wǒ xiǎng mǎi yì běn

　　　　《汉 日 词典》。
　　　　《Hàn-Rì Cídiǎn》.

方云天：我 有 两 本《汉 日 词典》，送 你 一 本 吧。
　　　　Wǒ yǒu liǎng běn《Hàn-Rì Cídiǎn》, sòng nǐ yì běn ba.

大　内：我 怎么 谢你 呀？
　　　　Wǒ zěnme xiè nǐ ya?

山　本：好 办，请 客。
　　　　Hǎo bàn, qǐng kè.

大　内：（开玩笑地说　Jokingly）

　　　　可以。我 请 客，你 付 钱。
　　　　Kěyǐ. Wǒ qǐng kè, nǐ fù qián.

（二）

（在书店里　In a bookstore）

大　内：你 好！请问，有 世界 地图 吗？
　　　　Nǐ hǎo! Qǐngwèn, yǒu shìjiè dìtú ma?

营业员：有。是 这 种 地图 册 吗？
　　　　Yǒu. Shì zhè zhǒng dìtú cè ma?

大　内：不 是 这 种，是 单 张 的 世界 地图。
　　　　Bù shì zhè zhǒng, shì dān zhāng de shìjiè dìtú.

营业员：单 张 的世界 地图 现在 没 有。
Dān zhāng de shìjiè dìtú xiànzài méi yǒu.

大 内：什么 时候 有？
Shénme shíhou yǒu?

营业员：不 知道。
Bù zhīdao.

大 内：哪个 书店 有？
nǎ ge shūdiàn yǒu?

营业员：不 知道。
Bù zhīdao.

大 内：（用日语对山本说 To Yamamoto in Japanese）
他 怎么 就 会 说 "不 知道"？
Tā zěnme jiù huì shuō "bù zhīdao"?

② 生 词
New Words

1. 请客　　　　　qǐng kè　　to invite sb. to dinner, to give a dinner party
2. 付　　（动）　fù　　　　to pay
3. 钱　　（名）　qián　　　money
4. 下午　（名）　xiàwǔ　　 afternoon
5. 刚　　（副）　gāng　　　just, only
6. 张　　（量）　zhāng　　 (a measure word)
7. 世界　（名）　shìjiè　　world
8. 地图　（名）　dìtú　　　map
9. 本　　（量）　běn　　　 (a measure word)
10. 词典　（名）　cídiǎn　　dictionary

11. 两	（数）	liǎng	two	
12. 送	（动）	sòng	to give as a present, to deliver, to see sb. off	
13. 呀	（助）	ya	(a modal particle)	
14. 可以	（能动、形）	kěyǐ	can, may; pretty good, not bad	
15. 营业	（动）	yíngyè	to do business	
16. 营业员	（名）	yíngyèyuán	shop employees, clerk	
17. 种	（量）	zhǒng	kind	
18. 册	（量、名）	cè	(a measure word), volume	
19. 单	（形）	dān	single, one	
20. 现在	（名）	xiànzài	now, present	
21. 知	（动）	zhī	to know, to be aware of	
22. 知道	（动）	zhīdao	to know, to understand	
23. 就	（副、介）	jiù	just, at once; concerning, as far as	
24. 会	（动、能动）	huì	to be good at, to be sure to, to know; to be capable of	
25. 上午	（名）	shàngwǔ	morning, forenoon	
26. 上(课)	（动）	shàng(kè)	to attend (class)	
27. 笔	（名、量）	bǐ	pen, (a measure word)	
28. 钢笔	（名）	gāngbǐ	pen, fountain pen	
29. 支	（量）	zhī	(a measure word)	
30. 铅笔	（名）	qiānbǐ	pencil	
31. 圆珠笔	（名）	yuánzhūbǐ	ball-point pen	
32. 本子	（名）	běnzi	notebook	

33. 班	（名）	bān	class
34. 系	（名）	xì	department
35. 多少	（代、副）	duōshao	how many, how much
36. 少	（形）	shǎo	few, little, less
37. 劳驾		láo jià	excuse me
38. 黑板	（名）	hēibǎn	blackboard
39. 年级	（名）	niánjí	grade

专名
Proper Nouns

1. 汉日词典　　　Hàn-Rì Cídiǎn　　　Chinese-Japanese Dictionary
2. 日汉词典　　　Rì-Hàn Cídiǎn　　　Japanese-Chinese Dictionary

③ 练习
Exercises

1. 语音　Pronunciation

    (1) 辨音辨调　Distinguish sounds and tones

    shāngdiàn（商店）　　　　shàngwǔ（上午）

    shūdiàn（书店）　　　　　xiàwǔ（下午）

    shàng kè（上课）　　　　shénme（什么）

    xià kè（下课）　　　　　zěnme（怎么）

    qǐng kè（请客）　　　　shìjiè（世界）

    qǐngwèn（请问）　　　　shījiě（师姐）

dìtú（地图）　　　　zhīdao（知道）

tìtóu（剃头）　　　　zhìzào（制造）

Gǎngbì（港币）

gāngbǐ（钢笔）

(2) 双音节声调　Tones of disyllables

dōuxiě：　shēntǐ（身体）　　　qiānbǐ（铅笔）

　　　　　gāngbǐ（钢笔）　　　cāochǎng（操场）

　　　　　gōngchǎng（工厂）　　jīngcǎi（精彩）

　　　　　jīběn（基本）　　　　sīxiǎng（思想）

　　　　　shēngchǎn（生产）　　hēibǎn（黑板）

dōukàn：　shāngdiàn（商店）　　shēngdiào（声调）

　　　　　gōngzuò（工作）　　　tōngguò（通过）

　　　　　gāoxìng（高兴）　　　ānjìng（安静）

　　　　　chūxiàn（出现）　　　fāxiàn（发现）

　　　　　chēzhàn（车站）　　　yīyuàn（医院）

(3) 重音　Stress

1) 什么　怎么　多少　哪儿

2) 爷爷　奶奶　爸爸　妈妈　哥哥　姐姐　弟弟　妹妹

3) 一个　两个　三个　四口　五口　六口

　　一只　两只　三只　四位　五位　六位

　　一课　两课　三张　四张　五课　六张

　　四本　五本　六本　七种　八种　九种

4) 十一　十二　十三　十四　十五　十六　十七　十八　十九

       十　二十　三十　四十　五十　六十　七十　八十　九十

       十个　二十个　三十个　四十个　五十个　六十个

       七十个　八十个　九十个

       二十一个　三十二个　四十三个　五十四个　六十五个

       七十六个　八十七个　九十八个

    5) 有书　　　　　有两本书　　　　　没有书

       有词典　　　　有三本词典　　　没有词典

       有地图　　　　有四张地图　　　没有地图

       有哥哥　　　　有一个哥哥　　　没有哥哥

       有弟弟　　　　有两个弟弟　　　没有弟弟

(4) 语调　Sentence intonation

    谁去商店？　　　谁去书店？　　　谁有词典？

    你买什么词典？　你买什么地图？　你买什么书？

    你们班有多少学生？　你们系有多少学生？　你们学校有多少学生？

    你是哪国人？　　你买哪种地图？　你去哪儿？

2. 词语　Words and phrases

(1) 朗读短语　Read the phrases aloud

    请客　　　　　　　　请老师

    请你　　　　　　　　请方老师

    请我　　　　　　　　请方老师和白老师

    请他　　　　　　　　请中国同学

    请你们　　　　　　　请两位中国同学

    请他们　　　　　　　请王才和方云天

买书　　　　　　　　　买地图

买一本书　　　　　　　买一张地图

买一本中文书　　　　　买一张世界地图

买词典　　　　　　　　买地图册

买一本词典　　　　　　买一本地图册

买一本《汉日词典》　　买一本中国地图册

（2）用下列生词至少组成两个短语　Make at least two phrases with each of the following words

1）付　　　2）送　　　3）知道　　　4）钱

5）商店　　6）书店　　7）词典　　　8）地图

9）营业　　10）本子　11）黑板　　　12）年级

（3）读下列数字，并写成汉字　Read the numbers and write the characters of them

11　　　23　　　36　　　40　　　55

62　　　79　　　88　　　94　　　99

（4）填入适当量词，然后用"几"或"多少"提问　Fill in the blanks with proper measure words, then ask questions with "几" or "多少"

例：我有两_____中国朋友。

　　我有两<u>个</u>中国朋友。

　　你有几个中国朋友？

1）我家有五_____人。

2）我买两_____世界地图。

3）我们班有十二_____学生。

4）我们系有二十八_____老师。

5）王才有两_____《汉日词典》。

6）贝拉有一_____小狗。

7）我们每天学习一_____书。

8）我想买四十_____中文书。

3. 句型　Sentence patterns

(1) 替换　Substitution

1）<u>我</u>有词典。

| 你 |
| 他 |
| 她 |
| 我们 |
| 你们 |
| 他们 |
| 山本 |
| 大内 |

2）你有<u>哥哥</u>吗？
　　我有<u>哥哥</u>。
　　你有几个<u>哥哥</u>？
　　我有<u>一个哥哥</u>。

姐姐	两个
弟弟	三个
妹妹	四个
嫂子	一个
中国朋友	两个
美国朋友	三个
日本朋友	四个
中国老师	五个

3) 你有<u>中文</u>词典吗?
   我没有<u>中文</u>词典。
   你有什么词典?
   我有<u>汉日</u>词典。

中文词典	日汉词典
中文词典	日文词典
中文书	日文书
中国地图	世界地图
中国地图	美国地图
中国地图	日本地图

4) <u>你</u>有几支<u>钢笔</u>?
   <u>我</u>有<u>两支钢笔</u>。

你	铅笔（支）	三
你	圆珠笔（支）	一
你	本子（个）	四
你	词典（本）	一
你	地图（张）	两
你	手表（块）	一
你	书架（个）	两
你家	人（口）	五
你们班	老师（个）	四

5) 你们<u>班</u>有多少<u>学生</u>?
   我们<u>班</u>有<u>10</u> 个<u>学生</u>。

班	老师	4
系	老师	36
年级	美国学生	45
年级	中国学生	98
学校	日本学生	82
学校	中国老师	95

（2）回答问题（肯定回答） Answer the questions (Give affirmative answers)

1）你有钢笔吗？你有几支钢笔？

2）你有本子吗？你有几个本子？

3）你有钱吗？你有多少钱？

4）你有书吗？你有多少本书？

5）你有地图吗？你有什么地图？

6）你有词典吗？你有什么词典？

（3）回答问题（先否定，再用所给的词作肯定回答）　Answer the questions (Give a negative answer first, then give an affirmative one with the words given in brackets)

1）你有铅笔吗？（圆珠笔）

2）你有《汉日词典》吗？（《日汉词典》）

3）你有中国地图吗？（世界地图）

4）你有单张的地图吗？（地图册）

5）你有姐姐吗？（妹妹）

6）你有哥哥吗？（弟弟）

4. 模仿　Imitate

（1）A：方云天，你好！

B：你们好！下午没有课吗？

A：有，刚下课。

A：艾米，你好！

B：你好！下午有课吗？

A：今天下午没有课。

A：_____，你好！

B：_____！下午_____课吗？

A：_____。

(2) A：你们去哪儿？

B：去书店。他想买一张世界地图，我想买一本《汉日词典》。

A：你去哪儿？

B：去商店。我想买一支圆珠笔和两个本子。

A：_____去哪儿？

B：去_____。_____。

(3) A：我有两本《汉日词典》，送你一本吧。

B：我怎么谢你呀？

A：好办，请客。（用于熟人）

A：我有两张世界地图，送你一张吧。

B：谢谢你！

A：不用谢。

A：我有_____，送你_____吧。

B：_____！

A：_____。

(4) A：请问，有世界地图吗？

B：有。是这种地图册吗？

A：不是这种，是单张的世界地图。

B：单张的世界地图现在没有。

A：劳驾，有《汉日词典》吗？

B：有。是这种词典吗？

A：不是这种，是小的《汉日词典》。

B：小的《汉日词典》现在没有。

A：_____，有_____吗？

B：有。是这种_____吗？

A：不是这种，是_____。

B：_____现在没有。

(5) A：什么时候有？

B：不知道。

A：什么时候有？

B：你明天上午来看看吧。

A：什么时候有？

B：_____。

(6) A：哪个<u>书店</u>有？

　　B：<u>不知道</u>。

　　A：哪个<u>商店</u>有？

　　B：<u>你去那个商店看看吧</u>。

　　A：哪个_____有？

　　B：_____。

(7) A：<u>明天</u>你有<u>空儿</u>吗？

　　B：<u>没空儿，明天我很忙</u>。

　　A：<u>今天下午</u>你有<u>事</u>吗？

　　B：<u>没有，今天下午我没有事</u>。

　　A：_____你有_____吗？

　　B：_____。

(8) A：你<u>去</u>哪儿？

　　B：<u>我去图书馆</u>。

　　A：你<u>住</u>哪儿？

　　B：<u>我住 6 楼 302</u>。

Ａ：你_____哪儿？

　　　Ｂ：我_____。

(9) Ａ：<u>你身体怎么样</u>？

　　Ｂ：很好，谢谢。

　　Ａ：<u>你爸爸身体怎么样</u>？

　　Ｂ：很好，谢谢。

　　Ａ：_____身体怎么样？

　　Ｂ：很好，谢谢。

(10) Ａ：你为什么<u>不常给他写信</u>？

　　　Ｂ：<u>我最近太忙了</u>。

　　　Ａ：你为什么<u>不帮助他复习课文</u>？

　　　Ｂ：<u>我今天没有空儿</u>。

　　　Ａ：你为什么_____？

　　　Ｂ：_____。

5. 会话　Conversation

　(1) 完成会话　Complete the conversations

　　　1)（下午四点多，艾米在校园里遇见了丁兰。　At 4 o'clock in the afternoon, Amy meets with Ding Lan on the campus.）

　　　　艾　米：丁兰，你好！

　　　　丁　兰：_____！下午有课吗？

艾　米：_____。

　　　　丁　兰：你是去_____吗？

　　　　艾　米：_____。

　　　　丁　兰：你买什么？

　　　　艾　米：我想买_____。

　2) （艾米在书店买地图。　Amy is buying a map in a bookstore.）

　　　　艾　米：请问，有_____吗？

　　　　营业员：_____。

　　　　艾　米：不是这种，是_____。

　　　　营业员：_____现在没有。

　　　　艾　米：_____？

　　　　营业员：你明天上午来看看吧。

（2） 按照下列情景，用本课句型谈话　Have a talk on the following topics with the patterns in the text

　1) 下午四点多钟，你在校园里遇见一个中国同学。

　2) 你在书店买词典。

　3) 你跟一个中国同学谈各自的班有多少学生。

6. 阅读　Reading

我 想 请 客

大　内：请问，那是书店吗？

艾　米：那不是书店，那是商店。

大　内：哪儿有书店？

艾　米：前边（qiánbian, in front）有。

大　内：离 (lí, to be away from) 这儿远吗？

艾　米：不远。有二三里路。你是买书吗？

大　内：不，我想买一张世界地图，还想买一本《汉日词典》。

（大内和艾米从书店里出来。　Ōuchi and Amy come out of a bookstore.）

大　内：艾米，你忙不忙？

艾　米：我不忙，有事吗？

大　内：我想请客。

艾　米：请客？请谁？

大　内：请两位中国同学：王才和方云天。

艾　米：还请别人 (biéren, others) 吗？

大　内：还请你。

艾　米：谢谢。什么时候？

大　内：今天晚上怎么样？

艾　米：可以。

大　内：下课以后，我们去找王才和方云天，说说请客的事儿。

艾　米：好吧。

(1) 回答问题　Answer the questions

1) 大内问艾米什么？

2) 艾米怎么回答的？

3) 哪儿有书店？

4) 离这儿远不远？

5) 大内想买什么？

(2) 判别正误　True or false

　　1) 艾米很忙。

　　2) 艾米想请客。

　　3) 艾米想请两位中国同学王才和方云天。

　　4) 艾米想明天晚上请客。

　　5) 大内下课以后去找王才和方云天。

(3) 分角色朗读　Play roles and read aloud

7. 汉字　Chinese characters

(1) 写出带"钅"的汉字　Write some characters with the radical of "钅"

(2) 写出带"钅"的汉字　Write some characters with the radical of "钅"

(3) 给下列汉字注音并组词或短语　Write the *Pinyin* of the following characters and make phrases with them

1) 刚	2) 没
钢	铅
3) 介	4) 每
界	海
5) 地	6) 国
他	图
她	园

④ 语法
Grammar

1. 领有句　Sentence of possession

"有"可表示领有。表示领有某种或某些人、物、事、属性、特点的句子，称为领有句，"有"不能用"不"否定，只能用"没"否定。如：

有 indicates possession. A sentence which indicates the possession of people, matters, things, properties and characteristics is known as a sentence of possession. 没 is used in its negative, in which 不 can not be used, e.g.

　　1) 我有两本《汉日词典》。

　　2) 你们下午没有课吗？

　　　——不，有课。

2. 特指疑问句　Special question

用疑问代词提问的句子称为特指疑问句。句中疑问焦点在哪个句法位置上，就把疑问代词放在哪个句法位置上。如：

The sentence in which a question is raised by using an interrogative pronoun is known as a special question. The interrogative pronoun is placed at the syntactical position which the question is asked about, e.g.

　　1) 今天晚上，你做什么？

　　2) 你家有几口人？

　　3) 我怎么谢你呀？

3. 百以内称数法 The way to express the numbers below one hundred

百以内整数称数法如下：The way to express the numbers below one hundred as follows：

1	2	3	4	5	6	7	8	9
一	二	三	四	五	六	七	八	九
10	11	12	13	14	15	16	17	18
十	十一	十二	十三	十四	十五	十六	十七	十八
19	20	21	22	23	24	25	26	27
十九	二十	二十一	二十二	二十三	二十四	二十五	二十六	二十七
28	29	30	……					
二十八	二十九	三十						
91	92	93	94	95	96	97	98	99
九十一	九十二	九十三	九十四	九十五	九十六	九十七	九十八	九十九

⑤ 注 释
Notes

1. "二"与"两"的用法 The uses of 二 and 两

(1) 位数词"十"后边只用"二"，不用"两"。如"十二、三十二"。

二 is used after 十, such as 十二 and 三十二, but 两 can not be used this way.

(2) 位数词"十"前边只用"二"，不用"两"。如"二十、二十一、二十五"。

二 is used before 十, such as 二十, 二十一 and 二十五, but 两 can not be used this way.

（3）普通量词前边一般用"两"，不用"二"。如"两个人、两本书、两张地图"。

"二位"限于当面称呼，如"您二位、二位老师"。

Usually, 两 is used before a normal measure word, such as 两个人, 两本书 and 两张地图, but 二 can not be used this way.

二位 is used in the form of address, such as 您二位 and 二位老师.

2. "几"和"多少"

"几"一般用来提问十以下的数目，但提问序数时不受此种条件的限制。用在名词（"年、天，楼"等除外）前边时，后边一般要带量词。如：

几 is usually used to ask about the numbers below ten, but if it is used to ask about ordinals, there is no such limitation. When 几 is used before nouns, (except 年，天，楼 and so on) a measure word often follows immediately after 几. e.g.

1) 你家有几口人？

2) 你住几楼？

"多少"一般用来提问十以上的数目，但无法估计是大于十还是小于十的数目时，也用"多少"提问。用在名词前边时，后边可省略量词。如：

多少 is used to ask about the numbers above ten. When it is not sure that the number asked about is above or below ten, 多少 is often used. When 多少 is used before a noun, the measure word can be omitted. e.g.

    3) 你们学校有多少学生？

    4) 你要用多少钱？

3. "是的"

"是的"用来表示肯定对方的估计。汉语里，不论对方的话语是陈述句还是是非疑问句，也不论是肯定形式还是否定形式，只要是对对方话语的内容表示肯定，就可以用"是的"回应。如：

是的 is used to indicate the agreement with other's estimation. In Chinese, no matter a declarative sentence or a yes-no sentence is used, and no matter an affirmative or a negative is used, 是的 can be used in the answer, as long as the things talked about are true to the fact. e.g.

    1) 你现在去图书馆吗？

       ——是的。

    2) 你们下午没有课吗？

       ——是的。

⑥汉字表

Table of the stroke order of Chinese characters

汉字 Hànzì	结构与笔顺 jiégòu yǔ bǐshùn		繁体 fántǐ
付	亻		
	寸		
钱	钅		錢
	戋	一 二 㚍 戋 戋	

午	ノ 一 仁 午	
刚	冈	刚
	冂 乂 ノ乂	
	刂	
世	一 十 卄 廿 世	
界	田	
	介	
地	土	
	也	
典	曲 丨 冂 日 由 曲 曲	
	八	
两	一 厂 丙 丙 丙 两 两	兩
送	关	
	丷	
	天 一 二 于 天	
	辶	
呀	口	
	牙 一 二 牙 牙	
营	艹	營
	冖	
	吕 口 口	
种	禾	種
	中	
册	丿 刀 刀 刑 册	册
单	丷	單
	甲 丨 冂 日 日 旦 甲	
现	王	現
	见	
知	矢	
	口	

第12课

道	首 辶	丷	丶	⺍				
		自						
就	京 尤	亠						
		口						
		小						
		一	丆	尢	尤			
会	人 云							會
钢	钅 冈							鋼
支	十 又							
铅	钅 㕣	几						鉛
		口						
圆	口 员							圓
珠	王 朱	丿	𠂉	二	牛	朱	朱	
班	王 丿 王	丶	丿					
系	丿 系							
少	丨	小	小	少				
劳	艹 力							勞
驾	加 马							駕
黑	里 灬	丨	冂	币	币	田	里	黑
		丿	丶	丶丶	灬			
板	木 反							
年	丿	𠂉	二	午	仁	年		
级	纟 及							級

⑦附件
Appendix

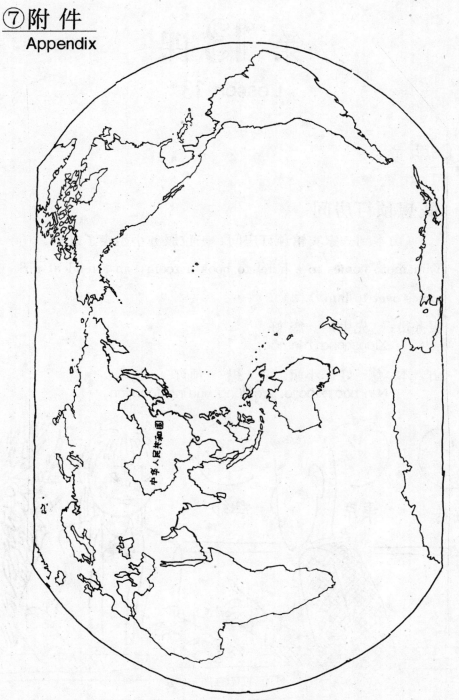

第 13 课
Lesson 13

① 课 文
Text

我想预订房间

（山本到一家宾馆预订房间，一位服务小姐走了进来。
Yamamoto comes to a hotel to book a room, an attendent girl comes over to him.）

服务员：先生， 您 好。
　　　　Xiānsheng, nín hǎo.

山 本：您 好，小姐。我 想　预订　房间。
　　　　Nín hǎo, xiǎojie. Wǒ xiǎng yùdìng fángjiān.

服务员：您要 什么样儿 的 房间？
　　　　Nín yào shénmeyàngr de fángjiān?

山　本：一个 单间，最 好 是 五 层 以下。
　　　　Yí ge dānjiānr, zuì hǎo shì wǔ céng yǐxià.

服务员：5 1 8 号 房间 怎么样？
　　　　Wǔ yāo bā hào fángjiān zěnmeyàng?

山　本：太 好 了，我 就 喜欢 "8"。 房间 大 吗？
　　　　Tài hǎo le, wǒ jiù xǐhuan "bā". Fángjiān dà ma?

服务员：比较 大。
　　　　Bǐjiào dà.

山　本：夏天 房间里 热 不 热？
　　　　Xiàtiān fángjiānli rè bu rè?

服务员：夏天 有 空调， 冬天 有 暖气，不 冷 不 热。
　　　　Xiàtiān yǒu kōngtiáo, dōngtiān yǒu nuǎnqì, bù lěng bú rè.

山　本：住 一 天 多少 钱？
　　　　Zhù yì tiān duōshao qián?

服务员：您 付 美元 还是 人民币？
　　　　Nín fù Měiyuán háishi Rénmínbì?

山　本：人民币。
　　　　Rénmínbì.

服务员：200 元 一天。
　　　　Èrbǎi yuán yì tiān.

山　本：便宜 点儿，可以 吗?
　　　　Piányi diǎnr, kěyǐ ma?

服务员：您 要 住 多少 天？
　　　　Nín yào zhù duōshao tiān?

山　本：20 周。
　　　　Èrshí zhōu.

服务员：180 元。
　　　　Yìbǎi bāshí yuán.

山　本：170 元，怎么样？
　　　　Yìbǎi qīshí yuán, zěnmeyàng?

服务员：（考虑了一下儿 Thinking for a while）
　　　　好 吧， 就170 元。您 哪天 来 住？
　　　　Hǎo ba, jiù yìbǎi qīshí yuán. Nín nǎ tiān lái zhù?

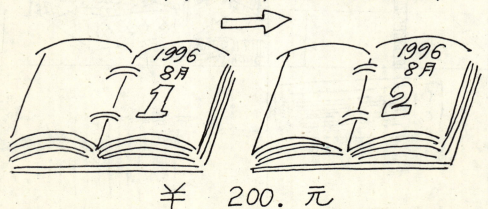

山　本：后天。
　　　　Hòutiān.

服务员：后天 见!
　　　　Hòutiān jiàn!

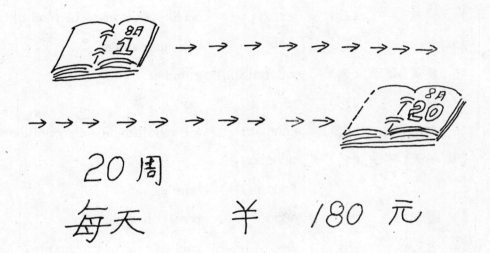

② 生词
New Words

1. 订　　　（动）　dìng　　　　to book, to order
2. 预订　　（动）　yùdìng　　　to book, to reserve
3. 房间　　（名）　fángjiān　　room
4. 服务　　（动）　fúwù　　　　to serve, to give service to
5. 服务员　（名）　fúwùyuán　　attendant; waiter or waitress
6. 小姐　　（名）　xiǎojie　　　miss
7. 先生　　（名）　xiānsheng　　mister, sir, teacher
8. 样儿　　（名）　yàngr　　　　kind, type, form
9. 单间儿　（名）　dānjiānr　　single room

10. 最好		zuì hǎo	best, the first rate, had better…
11. 层	（量）	céng	(a measure word)
12. 以下	（名）	yǐxià	below, under
13. 号	（量、名）	hào	(a measure word), number
14. 喜欢	（动）	xǐhuan	to like, to love, to be fond of
15. 大	（形）	dà	big, large, huge
16. 夏天〔夏季〕	（名）	xiàtiān〔xiàjì〕	summer
17. 热	（形）	rè	hot
18. 空调	（名）	kōngtiáo	air-conditioning, air conditioner
19. 冬天〔冬季〕	（名）	dōngtiān〔dōngjì〕	winter
20. 暖气	（名）	nuǎnqì	central heating
21. 冷	（形）	lěng	cold
22. 还是	（连）	háishi	or
23. 人民	（名）	rénmín	people
24. 元	（量）	yuán	(a measure word)
25. 点儿	（名、量）	diǎnr	a bit, a little, dot
26. 周	（量）	zhōu	week
27. 考虑	（动）	kǎolǜ	to think, to consider
28. 后天	（名）	hòutiān	the day after tomorrow
29. 前天	（名）	qiántiān	the day before yesterday
30. 暖和	（形）	nuǎnhuo	warm
31. 凉快	（形）	liángkuai	cool
32. 衣服	（名）	yīfu	clothes
33. 件	（量）	jiàn	(a measure word)

34.	合适	（形）	héshì	suitable, appropriate, fit
35.	苹果	（名）	píngguǒ	apple
36.	好吃	（形）	hǎochī	delicious, good to eat
37.	简单	（形）	jiǎndān	easy, simple
38.	双	（量、形）	shuāng	(a measure word), two, even (numbers)
39.	斤	（量）	jīn	(a measure word)
40.	块	（量）	kuài	(a measure word)
41.	宾馆	（名）	bīnguǎn	hotel
42.	以上	（名）	yǐshàng	above, over, more than

专名 Proper Nouns

1.	美元	Měiyuán	US dollar
2.	人民币	Rénmínbì	Renminbi

③ 练习 Exercises

1. 语音　Pronunciation

    （1）辨音辨调　Distinguish sounds and tones

    fángjiān（房间）　　　　xiǎojie（小姐）

    fángqián（房钱）　　　　xiǎojié（小结）

    dānjiānr（单间儿）　　　xǐhuan（喜欢）

    dānzhāng（单张）　　　　xíguàn（习惯）

rénmín（人民） kōngtiáo（空调）

  rénmíng（人名） pēngtiáo（烹调）

  pínkǔ（贫苦） biǎndan（扁担）

  píngguǒ（苹果） jiǎndān（简单）

  héshì（合适）

  héshí（核实）

(2) 双音节声调　Tones of disyllables

  háitīng：fángjiān（房间） shíjiān（时间）

      míngtiān（明天） zuótiān（昨天）

      niánqīng（年轻） chénggōng（成功）

      guójiā（国家） nóngcūn（农村）

      tígāo（提高） wénzhāng（文章）

  háidú：xuéxí（学习） zháojí（着急）

      shítáng（食堂） yóujú（邮局）

      rénmín（人民） mínzú（民族）

      tóngxué（同学） tuánjié（团结）

      chángcháng（常常） wánchéng（完成）

(3) 重音　Stress

  1) 最大　最好　最忙　最累　最热　最冷　最贵　最便宜

  2) 很大　很好　很忙　很累　很热　很冷　很贵　很便宜

  3) 比较大　比较好　比较忙　比较累　比较热　比较冷　比较贵　比较便宜

  4) 不大　不好　不忙　不累　不热　不冷　不贵　不便宜

(4) 语调　Sentence intonation

他是不是美国人?

你们下午有没有课?

你们明天去不去公园?

你晚上学习不学习?

你念不念课文?

你做不做练习?

你写不写汉字?

2. 词语　Words and phrases

(1) 朗读短语　Read the phrases aloud

喜欢爷爷	喜欢老师
喜欢奶奶	喜欢方老师
喜欢爸爸	喜欢白老师
喜欢妈妈	喜欢学生
喜欢哥哥	喜欢艾米
喜欢弟弟	喜欢贝拉
喜欢姐姐	喜欢大内
喜欢妹妹	喜欢山本
喜欢八	喜欢学习
喜欢六	喜欢学习汉语
喜欢九	喜欢看书
喜欢夏天	喜欢看中文书
喜欢冬天	喜欢去公园
喜欢这本书	喜欢去书店

喜欢这种手表　　　　喜欢去图书馆

　　喜欢这张桌子　　　　喜欢帮助同学

　　喜欢这个房间　　　　喜欢住宾馆

（2）用下列生词至少组成两个短语　Make at least two phrases with each of the following words

　　1）房间　　2）人民　　3）前天　　4）后天
　　5）夏天　　6）冬天　　7）空调　　8）宾馆
　　9）服务　　10）以下　　11）合适　　12）简单

（3）把下列短语扩展成句子，然后以肯定形式回答　Make questions with the phrases, then give affirmative answers

　　例：大不大

　　　　这个房间大不大？　　　　这个房间很大。

　　1）好不好　　　5）高兴不高兴
　　2）多不多　　　6）便宜不便宜
　　3）对不对　　　7）着急不着急
　　4）累不累　　　8）好看不好看
　　5）贵不贵　　　9）紧张不紧张

（4）把下列短语扩展成句子，然后以否定形式回答　Make questions with the phrases, then give negative answers

　　例：去不去

　　　　你去不去图书馆？　　　　我不去图书馆。

　　1）是不是　　4）吃不吃　　7）用不用
　　2）买不买　　5）喝不喝　　8）要不要
　　3）住不住　　6）想不想　　9）听不听

10）看不看   12）说不说   14）写不写

      11）念不念   13）记不记   15）做不做

3. 句型　Sentence patterns

  （1）替换　Substitution

    1）哪<u>本</u>词典便宜？

       这<u>本</u>词典便宜。

房间（个）	凉快
房间（个）	暖和
练习（个）	容易
衣服（件）	合适
花儿（种）	好看
苹果（种）	好吃
方法（种）	简单
钢笔（支）	好用
词典（本）	便宜

    2）那个<u>房间大</u>不<u>大</u>？

       那个<u>房间</u>不<u>大</u>。

       那个<u>房间</u>很<u>大</u>。

房间	冷
房间	热
房间	暖和
房间	凉快
句子	对
练习	难
商店	远
书店	近

    3）你现在<u>休息</u>不<u>休息</u>？

       <u>休息</u>。

       不<u>休息</u>。

学习
复习
预习
练习
回答
介绍
知道
办公

4）你<u>去</u>不<u>去</u>商店？
我<u>去</u>商店。
我不<u>去</u>商店。

去	书店
去	公园
去	食堂
回	家
听	录音
写	作业
念	课文
用	铅笔

5）你<u>买</u>词典不<u>买</u>？
<u>买</u>。
不<u>买</u>。

买	地图
买	衣服
买	苹果
买	本子
去	公园
想	家
做	作业
欢迎	他

6）<u>你有词典没有</u>？
有。
没有。

中国地图	哥哥
世界地图	嫂子
钢笔	弟弟
铅笔	姐姐
圆珠笔	妹妹
本子	朋友

（2）回答问题（否定回答） Answer the questions (Give negative answers)

1） 你的房间干净吗？

2） 这儿的冬天冷吗？

3） 这儿的夏天热吗？

4） 这种苹果好吃吗？

5） 这件衣服合适吗？

6） 他是美国人吗？

7） 你的房间有空调吗？

8） 你想家吗？

9） 你想去公园吗？

10） 你现在听录音吗？

11） 你买世界地图吗？

12） 你现在复习课文吗？

4. 模仿 Imitate

(1) A：<u>先生</u>，您好！

B：您好，<u>小姐</u>。我想<u>预订</u>房间。

A：你要什么样儿的房间？

B：<u>一个单间儿，最好是五层以下</u>。

A：<u>小姐</u>，您好！

B：您好，<u>先生</u>。我想<u>预订一个</u>房间。

A：你要什么样儿的房间？

B：<u>一个双人房间，最好是在二层</u>。

A：_____，您好！

B：您好，_____。我想_____。

A：你要什么样儿的房间？

B：_____。

(2) A：518号房间，怎么样？

B：太好了，我就喜欢"518"。

A：这件红的，怎么样？

B：太好了，我就喜欢红的。

A：_____，怎么样？

B：太好了，我就喜欢_____。

(3) A：房间大吗？

B：比较大。

A：苹果好吃吗？

B：很好吃。

A：_____吗？

B：_____。

(4) A：夏天房间里热不热？
　　B：夏天有空调，冬天有暖气，不冷不热。

　　A：冬天房间里冷不冷？
　　B：冬天有暖气，夏天有空调，不冷不热。

　　A：＿＿＿＿房间里＿＿＿不＿＿＿？
　　B：＿＿＿＿＿＿＿＿＿＿。

(5) A：住一天多少钱？
　　B：200元。

　　A：住一个晚上多少钱？
　　B：4美元。

　　A：住＿＿＿＿多少钱？
　　B：＿＿＿＿＿。

(6) A：便宜点儿，可以吗？
　　B：您要住多少天？
　　A：20周。
　　B：180元。

A：便宜点儿，<u>行</u>吗？

　　　B：您要<u>买</u>多少<u>斤</u>？

　　　A：<u>10斤</u>。

　　　B：<u>三块一</u>。

　　　A：便宜点儿，_____吗？

　　　B：您要_____多少_____？

　　　A：_____。

　　　B：_____。

5. 会话　Conversation

（1）完成会话　Complete the conversations

1）（山本正在一家宾馆预订房间。　Yamamoto Masa is booking a room in a hotel.）

　　山　本：小姐，我想_____两个房间。

　　服务员：您要_____的房间？

　　山　本：两个_____房间，有吗？

　　服务员：有。一层行吗？

　　山　本：_____层有吗？最好是_____层。

　　服务员：对不起，_____层没有了，四层还有两间。

　　山　本：四层也可以。

　　服务员：您_____？

　　山　本：后天。住一天_____？

　　服务员：你住_____？

　　山　本：_____周。

服务员：_____一天。

山　本：_____，可以吗？

服务员：_____吧。

山　本：行，就_____吧。后天见！

2）（王才和山本正在大内上子的宿舍谈话。 Wang Cai and Yamamoto Masa are talking in Ōchi Kamiko's room.）

王　才：大内，你的房间真热呀！

大　内：这个房间_____，夏天比较热。

王　才：山本，你的房间有_____吧？

山　本：有。夏天_____，冬天_____。

王　才：那一定很贵吧？

山　本：比较贵，住一天_____。

王　才：大内，你为什么不住_____？

大　内：这儿的房间比较_____。

(2) 按照下列情景用本课句型谈话　Have a talk on the following topics with the patterns in the text

1) 你跟你的同学谈各自房间的情况。

2) 你跟你的同学商量明天去哪儿。

3) 你跟你的同学谈各自喜欢的人或物。

6. 阅读　Reading

(一)

山本正住在宾馆

山本正是日本学生，他住在××宾馆。

他的房间很大。夏天，房间里有空调，不热。冬天有暖气，房间里一点儿也不冷。

这个宾馆离（lí, to be away from）学校不太远，他每天走路（zǒulù, to walk, on foot）去上课。

（二）
艾米的房间也不便宜

艾　米：你住在哪个房间？

山　本：我住在518号房间。

艾　米：住一天要付多少钱？

山　本：170元人民币，便宜吗？

艾　米：不太便宜。

山　本：你住的房间，一天多少钱？

艾　米：一天4美元。

山　本：一个单间儿只付4美元，不贵。

艾　米：我还有个同屋（tóngwū, roommate）呢，不便宜。

(1) 回答问题　Answer the questions

　　1) 山本正住哪儿？

　　2) 他的房间怎么样？

　　3) 他住的宾馆离学校远不远？

　　4) 他每天怎么去上课？

(2) 填空　Fill in the blanks

　　1) 山本住_____房间。

　　2) 住一天_____人民币。

　　3) 艾米的房间住一天付_____美元。

　　4) 山本觉得一天付_____美元_____。

5）艾米觉得她的房间_____。

（3）朗读课文　Read the text aloud

7. 汉字　Chinese characters

（1）写出带"口"的汉字　Write some characters with the radical of "口"

（2）写出带"日"的汉字　Write some characters with the radical of "日"

（3）给下列汉字注音并组词或短语　Write the *Pinyin* of the following characters and make phrases with them

1）问　　　　　　2）考
　　间　　　　　　　老
3）同　　　　　　4）快
　　周　　　　　　　块
5）造　　　　　　6）房
　　适　　　　　　　层

④ 语 法
Grammar

1. 形容词谓语句　Sentence with an adjective as a predicate

以形容词为谓语或谓语中心语的句子称为形容词谓语句。汉语里，形容词或形容词短语可直接充当谓语。主语与形容词或形容词短语之间不需要用动词"是"。形容词谓语句中的谓语多由形容词短语充当。如：

A sentence in which an adjective acts as the predicate or the main part of the predicate is known as a sentence with an adjective as a predicate. In Chinese, adjectives and adjectival phrases can act as predicates independently. In such sentences, the verb 是 is not needed between subjects and adjectives or adjectival phrases. In the sentence with an adjective as a predicate, the predicate often is an adjectival phrase, e. g.

主语 zhǔyǔ	谓语 wèiyǔ
我	很累
那个房间	比较大

由单个形容词充当时,要有一定的语用条件:用于问候、用于是非疑问句、用于特指疑问句及其答句或用于对比。如:

When only one adjective acts as a predicate, the sentence should be a sentence of greetings, a yes-no question, a special question, an answer to the special question or a sentence of comparison, e.g.

主语 zhǔyǔ	谓语 wèiyǔ	附加成分 fùjiā chéngfen
你	好	
那个房间	大	吗
哪种花儿	好看	
这种花儿	好看	
这个房间	大	
那个房间	小	

2. 正反疑问句（1） Affirmative-negative question（1）

一般正反疑问句，其谓语是由动词或形容词的肯定形式与否定形式并列起来构成的。说话人要求听话人选择其中一项，但说话人对答案没有倾向性。如：

Usually, the predicate of an affirmative-negative question is composed of an affirmative form and a negative form of a verb or an adjective. The speaker expects the listener to choose one of the form as an answer, to which the speaker has no tendency. e.g.

主语 zhǔyǔ	谓语 wèiyǔ
房间里	热不热
你	用不用词典
你	用词典不用
你	用词典不

注意：形容词前边不能加程度副词。如：*"房间里，很热不很热？"

Points for attention: An adverb of degree can not be placed before the adjective of the affirmative-negative question, such as, 房间里，很热不很热？

⑤ 汉 字 表
Table of the stroke order of Chinese characters

汉字 Hànzì	结构与笔顺 jiégòu yǔ bǐshùn		繁体 fántǐ
订	讠		訂
	丁		
房	户	丶 亠 ⺹ 户	
	方		
间	门		間
	日		
服	月		
	艮	⁊ 尸 ⺋ 艮	
务	夂		務
	力		
先	㞢		
	儿		
层	尸		層
	云		
号	口		號
	丂	一 丂	
喜	士		
	口		
	丷		
	口		
夏	頁	一 頁	
	夂		
季	禾	一 二 千 禾 禾	務
	子		

热	执	扌					熱
		丸	丿	九	丸		
	灬						
冬							
暖	日						
	爰	爫	丿	爫	爫		
		于	一	二	于		
		又					
冷	冫						
	令	人					
		㔾	丶	㇇	㔾		
民	𠃌	𠃌	𠃍	𠄌	民		
元							
点	占					點
	灬						
周							
考	耂						
	丂	一	丂				
虑	虍	𠂉	卜	𠂉			慮
		广	一	广			
	七						
	心						
前	丷						
	前	月					
		刂					
凉	冫						
	京						
快	忄						
	夬	𠃍	𠃌	尹	夬		

第13课

衣	亠 / 仏	
件	亻 / 牛 ㇒ ㇒ ⺧ 牛	
合		
适	舌 千 ㇒ 二 千 / 口 / 辶	適
苹果	艹 / 平 一 ㇒ 亚 平 平	蘋
简	𥫗 / 间	簡
双	又 / 又	雙/隻
斤		
块	土 / 夬	塊
宾	宀 / 兵 丘 ㇒ ㇒ ㇀ 斤 丘 / 八	賓/儐
币	㇒ 币	幣

204

第 14 课
Lesson 14

① 课 文
Text

大内小姐真聪明

（一）

（一天课后，在教室里　After class one day, in the classroom）

大　内：方　老师，您 最近 忙 不 忙？
　　　　Fāng lǎoshī, nín zuìjìn máng bu máng?

方　龙：很 忙，你 有 什么 事儿？
　　　　Hěn máng, nǐ yǒu shénme shìr?

大　内：我　想　请　您　辅导　我　汉语。
　　　　Wǒ xiǎng qǐng nín fǔdǎo wǒ Hànyǔ.

方　龙：对 不 起，我 没 有　时间。
　　　　Duì bu qǐ, wǒ méi yǒu shíjiān.

大　内：您 给 我　介绍　一 位　老师，可以　吗？
　　　　Nín gěi wǒ jièshào yí wèi lǎoshī, kěyǐ ma?

方　龙：可以。你 想　找　什么样儿　的 老师？
　　　　Kěyǐ. Nǐ xiǎng zhǎo shénmeyàngr de lǎoshī?

大　内：最 好 是 发音 好 的　年轻　老师，懂 日语 更　好。
　　　　Zuì hǎo shì fāyīn hǎo de niánqīng lǎoshī, dǒng Rìyǔ gèng hǎo.

方　龙：找　男 的 还是 女 的？
　　　　Zhǎo nán de háishi nǚ de?

大　内：都　行。
　　　　Dōu xíng.

方　龙：你 认识 方 云天 吗？
　　　　Nǐ rènshi Fāng Yúntiān ma?

大　内：认识。他 是 山本 的 朋友。
　　　　Rènshi. Tā shì Shānběn de péngyou.

方　龙：他 是 北京 人，又 懂 日语。
　　　　Tā shì Běijīng rén, yòu dǒng Rìyǔ.

大　内：太 好 了！
　　　　Tài hǎo le!

（二）

（在校园里　On the campus）

大　内：方 老师，您 好！
　　　　Fāng lǎoshī, nín hǎo!

方云天：别 客气，叫 我 名字 吧。
　　　　Bié kèqi, jiào wǒ míngzi ba.

大　内：请问，什么时候开始辅导？
Qǐngwèn, shénme shíhou kāishǐ fǔdǎo?

方云天：哪天开始都行。你想练习发音还是学习语法？
Nǎ tiān kāishǐ dōu xíng. Nǐ xiǎng liànxí fāyīn háishi xuéxí yǔfǎ?

大　内：我想练习发音。
Wǒ xiǎng liànxí fāyīn.

方云天：每周几次？
Měi zhōu jǐ cì?

大　内：两次。周二、周四下午两点到四点在我的
Liǎng cì. Zhōu'èr、zhōusì xiàwǔ liǎng diǎn dào sì diǎn zài wǒ de

宿舍辅导，行吗？
sùshè fǔdǎo, xíng ma?

方云天：去女生宿舍不太方便，去教室吧！
Qù nǚshēng sùshè bú tài fāngbiàn, qù jiàoshì ba!

大　内：可以。每小时要付多少钱？
Kěyǐ. Měi xiǎoshí yào fù duōshao qián?

方云天：不要钱。我们两个"交换"，怎么样？
Bú yào qián. Wǒmen liǎng ge "jiāohuàn", zěnmeyàng?

大　内："交换"是什么意思？
"Jiāohuàn" shì shénme yìsi?

方云天：两点到三点，我教你汉语。
Liǎng diǎn dào sān diǎn, wǒ jiāo nǐ Hànyǔ.

大　内：三点到四点，我教你日语，是这个意思吗？
Sān diǎn dào sì diǎn, wǒ jiāo nǐ Rìyǔ, shì zhè ge yìsi ma?

方云天：是的，大内小姐真聪明！
Shì de, Dànèi xiǎojie zhēn cōngming!

大 内：出 这 个 主意 的 人 更 聪明！
Chū zhè ge zhǔyi de rén gèng cōngming!

② 生 词
New Words

1. 真	（副）	zhēn	really, indeed
2. 聪明	（形）	cōngming	clever, bright
3. 辅导	（动）	fǔdǎo	to give guidance in study or training, to coach
4. 对不起		duì bu qǐ	I'm sorry, I beg your pardon
5. 时间	（名）	shíjiān	time
6. 年轻〔年青〕	（形）	niánqīng	young
7. 懂	（动）	dǒng	to know, to understand
8. 更	（副）	gèng	more, still more, further

9.	又	（副）	yòu	again, and
10.	开始	（动）	kāishǐ	to begin, to start
11.	语法	（名）	yǔfǎ	grammar
12.	次	（量）	cì	(a measure word)
13.	小时	（名）	xiǎoshí	hour
14.	点	（量）	diǎn	(a measure word)
15.	到	（动）	dào	to arrive, to reach, to go to
16.	方便	（形、动）	fāngbiàn	convenient; to go to the lavatory
17.	女生	（名）	nǔshēng	woman or girl student
18.	室	（名）	shì	room
19.	教室	（名）	jiàoshì	classroom
20.	交换	（动）	jiāohuàn	to exchange
21.	教	（动）	jiāo	to teach
22.	出	（动）	chū	to go or come out, to offer, to advice
23.	主意	（名）	zhǔyi	idea
24.	儿子	（名）	érzi	son
25.	女儿	（名）	nǔ'ér	daughter
26.	老	（头）	lǎo	old
27.	年纪	（名）	niánjì	age
28.	口语	（名）	kǒuyǔ	oral
29.	听力	（名）	tīnglì	aural comprehesion, hearing
30.	男生	（名）	nánshēng	man or boy student
31.	部分	（名）	bùfen	part, section, portion
32.	阶段	（名）	jiēduàn	period, stage

专 名
Proper Nouns

1. 北京   Běijīng   Beijing
2. 英语〔英文〕   Yīngyǔ〔Yīngwén〕   English
3. 法语〔法文〕   Fǎyǔ〔Fǎwén〕   French
4. 德语〔德文〕   Déyǔ〔Déwén〕   German
5. 俄语〔俄文〕   Éyǔ〔Éwén〕   Russian
6. 意大利语〔意大利文〕   Yìdàlìyǔ〔Yìdàlìwén〕   Italian
7. 西班牙语〔西班牙文〕   Xībānyáyǔ〔Xībānyáwén〕   Spanish
8. 阿拉伯语〔阿拉伯文〕   Ālābóyǔ〔Ālābówén〕   Arabic
9. 张   Zhāng   surname of a Chinese
10. 李   Lǐ   surname of a Chinese
11. 赵   Zhào   surname of a Chinese
12. 马   Mǎ   surname of a Chinese
13. 于   Yú   surname of a Chinese

③ 练 习
Exercises

1. 语音 Pronunciation

    (1) 辨音辨调 Distinguish sounds and tones

    fǔdǎo（辅导）   shíjiān（时间）

    wǔdǎo（舞蹈）   xíjiān（席间）

kāishǐ（开始）   liànxí（练习）

    kāishuǐ（开水）   liánxì（联系）

    tīnglì（听力）   zhǔyi（主意）

    dìnglǐ（定理）   zhùyì（注意）

    jiāohuàn（交换）   Fǎyǔ（法语）

    jiǎohuá（狡猾）   yǔfǎ（语法）

    kèyú（课余）

    kǒuyǔ（口语）

（2）声调 Tones

  háixiě： cídiǎn（词典）   niúnǎi（牛奶）

      méiyǒu（没有）   píjiǔ（啤酒）

      píngguǒ（苹果）   quántǐ（全体）

      yóuyǒng（游泳）   chuántǒng（传统）

      chéngguǒ（成果）   chéngzhǎng（成长）

  háikàn： chídào（迟到）   cídài（磁带）

      fúwù（服务）   jiéshù（结束）

      xuéxiào（学校）   xuéyuàn（学院）

      yídìng（一定）   yígòng（一共）

      shíjiàn（实践）   shíxiàn（实现）

（3）重音 Stress

1) 白老师教我们汉语。

方老师教我们汉语。

王老师教我们汉语。

张老师教我们汉语。

2) 他们叫我小王。

他们叫我小方。

他们叫我老王。

他们叫我老白。

3) 小王送我一本词典。

小王送我一张地图。

小王送我一本中文书。

小王送我一本地图册。

4) 方云天辅导我汉语。

艾米辅导他英语。

山本辅导他日语。

贝拉辅导他意大利语。

(4) 语调　Sentence intonation

1) 是你去，还是他去？

你是去，还是不去？

他是老师，还是学生？

你喜欢这本书，还是那本书？

你喜欢夏天，还是冬天？

你学习英语，还是日语？

你今天去，还是明天去？

你找男老师，还是女老师？

你想练习发音，还是学习汉字？

你复习课文，还是预习生词？

2）你是给朋友写信，还是给爸爸妈妈写信？

你跟王才一起去，还是跟方云天一起去？

这是男生宿舍楼，还是女生宿舍楼？

这是老师食堂，还是学生食堂？

3）我们一起去找方老师，怎么样？

我们一起去看方老师，怎么样？

我们互相帮助，怎么样？

我们交换辅导，怎么样？

2. 词语　Words and phrases

（1）朗读短语　Read the phrases aloud

开始学习	开始练习
开始工作	开始复习
开始上课	开始预习
开始辅导	开始预订

练习发音	愿意辅导
练习声调	愿意帮助
练习生词	愿意交换
练习课文	愿意练习
练习汉字	愿意请客

教汉语	教我们汉语
教日语	教你们日语
教英语	教他们英语
教法语	教他法语
教德语	教她德语

(2) 用下列生词至少组成两个短语　Make at least two phrases with each of the following words

   1) 聪明　　　2) 年轻　　　3) 方便　　　4) 教室

   5) 时间　　　6) 小时　　　7) 主意　　　8) 谈

   9) 开始　　10) 辅导　　11) 语法　　12) 部分

(3) 把下列词语连成句子　Put the words into sentences

   1) 他们　英语　教　谁

   2) 谁　聪明　班　你们　最

   3) 是　交换　意思　什么

   4) 我们　时候　辅导　开始　什么

   5) 去　教室　你　还是　图书馆　去

   6) 喜欢　儿子　女儿　还是　他

   7) 你　我　请　给　出　主意　一个

   8) 晚上　方便　不　太　女生　宿舍　辅导　去

3. 句型　Sentence patterns

 (1) 替换　Substitution

1) 谁教你们汉语？
   王老师教我们汉语。

英语	白老师
日语	方老师
法语	于老师
德语	丁老师
俄语	李老师
意大利语	赵老师
西班牙语	张老师
阿拉伯语	马老师

2) 王老师教他们什么？
   王老师教他们汉语。

白老师	英语
方老师	日语
于老师	法语
丁老师	德语
李老师	俄语
赵老师	意大利语
张老师	西班牙语
马老师	阿拉伯语

3) 谁辅导你汉语？
   方云天辅导我汉语。

英语	艾米
日语	山本正
法语	于老师
德语	丁兰
俄语	王才
意大利语	贝拉
西班牙语	彼得
阿拉伯语	李老师

4) 谁送你一本<u>词典</u>?
   <u>小方</u>送我一本<u>词典</u>。

地图（张）	小白
地图册（本）	小于
钢笔（支）	小丁
圆珠笔（支）	小马
花儿（支）	小王
本子（个）	小张
手表（块）	小李
衣服（件）	小赵

5) 他们叫你什么?
   他们叫我<u>小王</u>。

小白
小丁
小于
小马
老张
老李
老方
老赵

6) 他是<u>老师</u>还是<u>学生</u>?
   他是<u>学生</u>。

大夫	工人
经理	职员
服务员	营业员
院长	校长
你的哥哥	你的弟弟
你的同学	你的朋友

7) 你<u>懂英语</u>还是<u>懂法语</u>?
我<u>懂法语</u>。

去	不去
去书店	去商店
有	没有
有《日汉词典》	有《汉日词典》
买	不买
买钢笔	买铅笔
找男老师	找女老师
想练习发音	学习语法

（2）根据实际情况回答　Give the actual answers

1) 谁教你们语法和课文?
2) 谁教你们听力?
3) 谁教你们口语?
4) 谁教你们汉字?
5) 你喜欢夏季还是冬季?
6) 下课以后你去食堂还是回宿舍?
7) 下午你去教室还是去图书馆?
8) 晚上你听录音还是写汉字?

4. 模仿　Imitate

（1）A：<u>方老师</u>，您最近<u>忙不忙</u>?

B：<u>很忙</u>，你有什么事?

A：我想请您<u>辅导我汉语</u>。

B：<u>对不起，我没有时间</u>。

A：<u>白老师</u>，您最近<u>忙</u>吗？
B：<u>不太忙</u>，你有什么事？
A：我想请您<u>帮助我练习发音</u>。
B：<u>可以</u>。

A：_____，您最近_____？
B：_____，你有什么事？
A：我想请您_____。
B：_____。

(2) A：您<u>给我介绍</u>一位老师，<u>可以</u>吗？
B：<u>可以</u>。你想找什么样的？
A：最好是<u>发音</u>好的年轻老师，懂日语更好。
B：找<u>男</u>老师还是<u>女</u>老师？
A：<u>都行</u>。

A：您<u>帮我找</u>一位老师，<u>行</u>吗？
B：<u>行</u>。你想找什么样的？
A：最好是<u>北京人</u>，懂<u>英语</u>更好。
B：找年纪大的老师还是<u>年轻</u>老师？
A：<u>年轻老师</u>。

A：您_____一位老师，_____吗？

B：_____。你想找什么样的？

A：最好是_____，懂_____更好。

B：找_____还是_____？

A：_____。

(3) A：你认识方云天吗？

B：认识。他是山本的朋友。

A：他是北京人，又懂日语。

B：太好了！

A：你认识丁兰吗？

B：认识。她是外语学院的学生。

A：她是北京人，又懂英语。

B：太好了！

A：你认识_____吗？

B：认识。他（她）是_____。

A：他（她）是_____，又懂_____。

B：太好了！

(4) A：方老师，您好！

B：别客气，叫我名字吧。

A：丁老师，您好！

B：别客气，叫我小丁吧。

A：_____，您好！

B：别客气，叫我_____吧。

(5) A：请问，什么时候开始辅导？

B：哪天开始都行。你想练习发音还是学习语法？

A：我想练习发音。

A：请问，什么时候开始辅导？

B：后天开始吧。你想练习口语还是学习语法？

A：我想练习听力。

A：请问，什么时候开始辅导？

B：_____。你想_____还是_____？

A：我想_____。

(6) A：每周几次？

B：两次。周二、周四下午两点到四点在我的宿舍辅导，行吗？

A：去女生宿舍不太方便，去教室吧！

B：可以。

A：每周几次？

B：三次。周二、周三、周五晚上七点到九点在我的宿舍辅导，行吗？

A：去男生宿舍不太方便，去教室吧！

B：可以。

A：每周几次？

B：_____。_____点到_____点，在_____辅导，行吗？

A：_____不太方便，去_____吧！

B：可以。

(7) A：每小时要付多少钱？

B：<u>不要钱。我们两个"交换"，怎么样？</u>

A：每小时要付多少钱？

B：<u>50元人民币</u>。

A：每小时要付多少钱？

B：_____。

5. 会话 Conversation

（1）完成会话 Complete the conversations

1)（课后在教室里，艾米请白老师辅导。 After class in the classroom，Amy asks Teacher Bai to be her tutor.）

艾　米：白老师，您最近忙吗？

白　华：_____？

艾　米：我想请您_____。

白　华：对不起，_____。我给你介绍一位老师，行吗？

艾　米：_____。

白　华：你想找_____？

艾　米：最好是_____。

白　华：找男老师还是_____？

艾　米：_____。

白　华：我明天告诉你吧。

艾　米：好，谢谢您。

2)（第二天课后，白华去教室找艾米。 The next day after class, Bai Hua goes to the classroom to meet Amy.）

白　华：艾米，我帮你找到一位老师。

艾　米：太谢谢您了，是_____还是_____？

白　华：一个年轻的男老师。

艾　米：_____？

白　华：姓张，一张地图的张。

艾　米：我叫_____，行吗？

白　华：行。今天晚上你在_____吗？

艾　米：在。

白　华：我和_____七点去你的宿舍。

艾　米：_____。

3)（晚上白华和张老师去艾米的宿舍。 In the evening, Bai Hua and Teacher Zhang go to Amy's room.）

白　华：我来介绍一下儿，这位是_____，她叫_____，我的_____。

艾　米：_____！

张老师：_____！

白　华：我还有点儿事儿，你们谈吧，再见！

艾　米：再见，白老师！

张老师：你是想_____还是_____？

艾　米：我想＿＿＿＿＿＿＿＿。

张老师：每周＿＿＿＿＿＿？

艾　米：＿＿＿＿＿＿＿。

张老师：每次＿＿＿＿＿＿？

艾　米：＿＿＿＿＿＿＿，行吗？

张老师：＿＿＿＿＿。时间呢？

艾　米：＿＿＿＿＿，在＿＿＿＿＿，怎么样？

张老师：＿＿＿＿＿＿＿不太方便，去＿＿＿＿＿吧。

艾　米：可以。每小时付＿＿＿＿＿，行吗？

张老师：＿＿＿＿＿。什么时候＿＿＿＿＿＿＿？

艾　米：＿＿＿＿＿吧。

张老师：＿＿＿＿＿见！

艾　米：＿＿＿＿＿见！

（2）按照下列情景，用本课句型说话　Have a talk on the following topics with the patterns in the text

1) 你请老师辅导汉语。

2) 你请老师介绍别人辅导汉语。

3) 你跟辅导老师见面，商量时间、地点等。

6. 阅读　Reading

交换辅导

　　现在到了语法阶段，可是大内上子的发音和声调还不太好。她很着急，想请方龙老师辅导，可是方老师最近很忙，没有时间。大内请他帮助找一位老师。方老师说："方云天是北京人，发音好，还懂日语。请他辅导你汉语，行吗？"大内说："老师说行，就行。"

方云天和大内每周交换辅导两次,每次两小时。晚上七点到八点,方云天教大内汉语。八点到九点,大内教方云天日语。他们互相学习,互相帮助。大内觉得这种辅导方法很不错(búcuò, quite good),她很高兴。

(1) 回答问题　Answer the questions

1) 大内上子为什么很着急?

2) 方龙为什么不辅导大内?

3) 方龙为什么介绍方云天辅导大内?

4) "老师说行,就行。"是什么意思?

5) 方云天和大内怎么样辅导?

6) 大内觉得这种辅导方法怎么样?

(2) 朗读课文　Read the text aloud

7. 汉字　Chinese characters

(1) 写出带"纟"的汉字　Write some characters with the radical of "纟"

(2) 写出带"木"的汉字　Write some characters with the radical of "木"

(3) 给下列汉字注音并组词或短语　Write the *Pinyin* of the following characters and make phrases with them

1) 轻 　　2) 室
   经 　　　 到
3) 西 　　4) 职
   两 　　　 聪
5) 记 　　6) 李
   纪 　　　 季

④ 语 法
Grammar

1. 选择疑问句　Alternative question

把供选择的两项（或多项）内容用"…是/还是…还是…"这种结构形式连接起来，要求听话人对答案果断地做出选择，就是选择疑问句。如：

A sentence which is composed of two or several alternatives joined by the structure …是/还是…还是…, is known as an alternative question. The listener is expected to choose one of the alternative as an answer, e.g.

  1) A：你（是）去，还是不去？
    B：去。
  2) A：你听录音，还是念课文？
    B：念课文。

2. 结构助词"的"　The structural particle 的

结构助词"的"用于连接定语及其中心语。带"的"定语具有对比或特别强调的作用。如：

The structural particle 的 is used to link an attributive with its central word. An attributive with 的 -functions as comparison or stress, e.g.

  1) 单张的世界地图没有。
  2) 这是我的词典！

⑤ 汉字表
Table of the stroke order of Chinese characters

汉字 Hànzì	结构与笔顺 jiégòu yǔ bǐshùn										繁体 fántǐ
真	直	十	一 十								
		且	丨 冂 冃 円 月 且								
	八										
聪	耳										聰
	总	丷									
		口									
		心									
辅	车										
	甫	一 丆 百 甫 甫									
导	巳	㇆ ㇌ 巳									導
	寸										
轻	车										輕
	圣										
懂	忄										
	董	艹									
		重	一 二 亠 千 千 盲 盲 重 重								
更											
又											
开											開
始	女										
	台	厶									
		口									
次	冫										
	欠										

到	至	云					
		土					
	刂						
室	宀						
	至	云					
		土					
换	扌						換
	奂	⺈					
		央	丨	冂	円	尹	央
出							
纪	纟						紀
	己						
力							
北	丬	丨	十				
	匕						
京							
英	艹						
	央	丨	冂	円	央	央	
德	彳						
	惪	十					
		四	丨	冂	四	四	四
		一					
		心					
俄	亻						
	我						
利	禾						
	刂						
西	一	一	冂	丙	西	西	
牙							
阿	阝						
	可						

第14课

伯	亻	
	白	
李	木	
	子	
赵	走	趙
	ㄨ	
马		馬
于	一 二 于	(於)
部	部	立
		口
	阝	
分	八	
	刀	
阶	阝	階
	介	
段	𠂊 丿 亻 ⺁ Ϝ 𰀁	
	殳	

第 15 课
Lesson 15

① 课 文
Text

你为什么学习汉语

（一）

（教室里，辅导结束后　In the classroom, after coaching）

方云天：你 最近 进步 很 快。
　　　　Nǐ zuìjìn jìnbù hěn kuài.

大　内：这 得 感谢 你的 帮助。
　　　　Zhè děi gǎnxiè nǐ de bāngzhù.

方云天：我 也 要 谢谢 你。对 了，我 想 问 你 一 个 问题。
Wǒ yě yào xièxie nǐ. Duì le, wǒ xiǎng wèn nǐ yí ge wèntí.

大 内：什么 问题？
Shénme wèntí?

方云天：你 为 什么 学习 汉语？
Nǐ wèi shénme xuéxí Hànyǔ?

大 内：我 想 去 公司 当 翻译。你 呢？你 准备 做 什么
Wǒ xiǎng qù gōngsī dāng fānyì. Nǐ ne? Nǐ zhǔnbèi zuò shénme

工作？
gōngzuò?

方云天：我 还 没 想 好。
Wǒ hái méi xiǎng hǎo.

大 内：你 不 想 经商 吗？
Nǐ bù xiǎng jīngshāng ma?

方云天：我 对 经商 没 兴趣。
Wǒ duì jīngshāng méi xìngqù.

大　内：你 对 什么 工作 有 兴趣？
　　　　Nǐ duì shénme gōngzuò yǒu xìngqù?

方云天：我 比较 喜欢 当 教师。
　　　　Wǒ bǐjiào xǐhuan dāng jiàoshī.

大　内：能 说说 原因 吗？
　　　　Néng shuōshuo yuányīn ma?

方云天：教师 是 最 神圣 的 职业。你 想，要是 都 不
　　　　Jiàoshī shì zuì shénshèng de zhíyè. Nǐ xiǎng, yàoshi dōu bù

　　　　当 老师，谁 教 你 汉语？
　　　　dāng lǎoshī, shuí jiāo nǐ Hànyǔ?

（二）

（一天课后，白华同几个学生聊天儿。　After class one day, Bai Hua is chatting with some students.）

白　华：我 有 个 问题 想 问问 你们。
　　　　Wǒ yǒu ge wèntí xiǎng wènwen nǐmen.

艾　米：什么 问题？您 说 吧。
　　　　Shénme wèntí? Nín shuō ba.

白　华：你们 为 什么 来 中国 学习 汉语？
　　　　Nǐmen wèi shénme lái Zhōngguó xuéxí Hànyǔ?

贝　拉：我 想 当 汉语 教师。
　　　　Wǒ xiǎng dāng Hànyǔ jiàoshī.

艾　米：我 想 研究 中国 历史。
　　　　Wǒ xiǎng yánjiū Zhōngguó lìshǐ.

金汉成：我 准备 在 中国 经商。
　　　　Wǒ zhǔnbèi zài Zhōngguó jīngshāng.

山　本：我 觉得 汉语 特别 有 意思。
　　　　Wǒ juéde Hànyǔ tèbéi yǒu yìsi.

白　华：彼得，你 呢？
　　　　Bǐdé, nǐ ne?

彼　得：我 想 了解 中国。
　　　　Wǒ xiǎng liǎojiě Zhōngguó.

② 生词
New Words

1.	经商		jīng shāng	to be in business
2.	进步	(动、名、形)	jìnbù	to improve; progress, progressive
3.	快	(形)	kuài	fast, quick
4.	感谢	(动)	gǎnxiè	to thank, to be grateful
5.	问题	(名)	wèntí	problem, question
6.	当	(动)	dāng	to act as, to become
7.	翻译	(名、动)	fānyì	translator, interpreter; to translate, to interpret
8.	准备	(动)	zhǔnbèi	to plan, to prepare
9.	对	(介)	duì	to, for
10.	兴趣	(名)	xìngqù	interest, taste
11.	能	(能动)	néng	can, be capable of
12.	原因	(名)	yuányīn	reason, cause
13.	教师	(名)	jiàoshī	teacher
14.	神圣	(形)	shénshèng	holy, sacred
15.	职业	(名)	zhíyè	occupation
16.	要	(连)	yào	if, in case
17.	要是	(连)	yàoshi	if, in case
18.	历史	(名)	lìshǐ	history
19.	特别	(副、形)	tèbié	specially, particularly; special
20.	有意思		yǒu yìsi	interesting

21. 了解	（动）	liǎojiě	to know, to understand
22. 结束	（动）	jiéshù	to finish, to end
23. 旅行	（动）	lǚxíng	to travel, to journey
24. 电	（名）	diàn	electricity
25. 电影	（名）	diànyǐng	film, movie
26. 电影院	（名）	diànyǐngyuàn	cinema, movie
27. 南方	（名）	nánfāng	south
28. 文化	（名）	wénhuà	culture, civilization
29. 聊天儿		liáo tiānr	to chat
30. 目的	（名）	mùdì	purpose, aim
31. 留学		liú xué	to study abroad
32. 留学生	（名）	liúxuéshēng	student studying abroad
33. 进行	（动）	jìnxíng	to carry on, to be in progress, to go on
34. 方面	（名）	fāngmiàn	aspect
35. 认为	（动）	rènwéi	to think, to feel
36. 只是	（副）	zhǐshì	only, just
37. 完	（动）	wán	to finish, to complete, to be over
38. 电视	（名）	diànshì	television
39. 慢	（形）	màn	slow

专 名
Proper Nouns

1. 上海	Shànghǎi	Shanghai

2. 韩国　　　Hánguó　　　the Republic Korea
3. 金汉成　　Jīn Hànchéng　name of a student from the Republic Korea
4. 意大利　　Yìdàlì　　　Italy
5. 彼得　　　Bǐdé　　　　name of an American student

③ 练 习
Exercises

1. 语音　Pronunciation

   (1) 辨音辨调　Distinguish sounds and tones

   zhǔnbèi（准备）　　　yīnwèi（因为）
   zhuāngpèi（装配）　　rènwéi（认为）

   jīng shāng（经商）　　jiàoshī（教师）
   jiǎngshǎng（奖赏）　　jiàoshì（教室）

   zhíyè（职业）　　　　yuányīn（原因）
   zhīyè（枝叶）　　　　yuànyì（愿意）

   jìnxíng（进行）　　　zhīshi（知识）
   jìnqíng（尽情）　　　zhǐshì（只是）

   fāngbiàn（方便）
   fāngmiàn（方面）

(2) 双音节声调　Tones of disyllables

yě tīng： lǎoshī（老师）　　　　hǎochī（好吃）

　　　　yǔyīn（语音）　　　　yǐjīng（已经）

　　　　guǎngbō（广播）　　　huǒchē（火车）

　　　　shǒudū（首都）　　　　yǎnchū（演出）

　　　　jiǎndān（简单）　　　　jǐnzhāng（紧张）

yě dú： yǔyán（语言）　　　　yǐqián（以前）

　　　　biǎoyáng（表扬）　　　qǐchuáng（起床）

　　　　yǒumíng（有名）　　　lǚxíng（旅行）

　　　　kěnéng（可能）　　　　shuǐpíng（水平）

　　　　jiǎnchá（检查）　　　　jiějué（解决）

(3) 重音　Stress

1) 公司　　经商　　宿舍　　空调

　　身体　　开始　　高兴　　交换

　　房间　　年轻　　食堂　　回答

　　词典　　辅导　　服务　　神圣

　　老师　　紧张　　语言　　小时

　　手表　　好久　　感谢　　暖气

　　互相　　教师　　速成　　进行

　　历史　　结束　　世界　　现在

2) 休息　　聪明　　喜欢　　先生

　　觉得　　儿子　　主意　　容易

　　晚上　　怎么　　嫂子　　姐姐

　　认识　　客气　　意思　　小姐

2. 词语　Words and phrases

　　(1) 朗读短语　Read the phrases aloud

　　　　　　进步　　　　　　　　公司
　　　　　　进步快　　　　　　　去公司
　　　　　　进步很快　　　　　　去公司当翻译
　　　　　　最近进步很快　　　　想去公司当翻译
　　　　　　你最近进步很快　　　我想去公司当翻译

　　　　　　兴趣　　　　　　　　问题
　　　　　　有兴趣　　　　　　　一个问题
　　　　　　对经商有兴趣　　　　问一个问题
　　　　　　对经商没有兴趣　　　问你一个问题
　　　　　　我对经商没有兴趣　　我想问你一个问题

　　(2) 说出下列形容词的反义词 Give the antonyms of the adjectives

　　　　1) 大　　2) 多　　3) 快　　4) 热
　　　　5) 便宜　6) 难　　7) 对　　8) 远

　　(3) 用下列生词至少组成两个短语　Make at least two phrases with each of the following words

　　　　1) 准备　　2) 结束　　3) 当　　　4) 研究
　　　　5) 历史　　6) 文化　　7) 职业　　8) 原因
　　　　9) 翻译　　10) 了解　 11) 旅行　 12) 进行

3. 模仿 Imitate

　　(1) A：你最近<u>进步很快</u>。

　　　　B：这得<u>感谢你的帮助</u>。

A：你最近身体很好。
　　B：这要感谢张大夫的帮助。

　　A：你最近_____。
　　B：这_____感谢_____。

(2) A：你为什么学习汉语？
　　B：我想去公司当翻译。

　　A：你为什么要当老师？
　　B：我认为教师是最神圣的职业。

　　A：你为什么_____？
　　B：_____。

(3) A：你准备做什么工作？
　　B：我还没想好。

　　A：你准备去哪儿旅行？
　　B：我准备去南方旅行。

　　A：你准备_____？
　　B：_____。

(4) A：你不想经商吗?
B：我对经商没兴趣。

A：你不想当老师吗?
B：我对当老师没兴趣。

A：你不想_____吗?
B：我对_____没兴趣。

(5) A：你对什么工作有兴趣?
B：我喜欢当老师。
A：能说说原因吗?
B：教师是最神圣的职业。你想，要是都不当教师，谁教你汉语?

A：你对什么工作有兴趣?
B：我喜欢研究中国文化。
A：能说说原因吗?
B：研究中国文化可以更好地了解中国。

A：你对什么工作有兴趣?
B：我喜欢_____。
A：能说说原因吗?
B：_____。

(6) A：我有<u>个问题</u>想问问你们。

B：什么<u>问题</u>？<u>你说</u>吧。

A：我有<u>一件事</u>想问问你们。

B：什么<u>事</u>？<u>请问</u>吧。

A：我有_____想问问你们。

B：什么_____？_____吧。

4. 会话　Conversation

(1) 完成会话　Complete the conversations

1)（王才和山本正在宿舍聊天儿。　Wang Cai and Yamamoto Masa are chatting in the room.）

王　才：你最近_____。

山　本：是吗？

王　才：你的发音和声调都有_____。

山　本：这要感谢_____。

王　才：对了，我有个_____想问问你。

山　本：什么问题？

王　才：你为什么要学习汉语？

山　本：我想_____，还想_____。你呢？你为什么学习日语？

王　才：我准备_____，我对经商没有_____，以后去日本_____。

2)（丁兰和贝拉在宿舍聊天儿。 Ding Lan and Berra are chatting in the room.）

丁　兰：贝拉，你喜欢什么_____？

贝　拉：教师。

丁　兰：能说说_____吗？

贝　拉：教师是_____的职业，我对_____非常有兴趣。

丁　兰：在意大利学习汉语的人多吗？

贝　拉：_____。

丁　兰：你喜欢_____，以后一定是一个好老师。

（2）按照下列情景用本课句型谈话　Have a talk on the following topics with the patterns in the text

1) 你和你的同学谈为什么学习汉语。

2) 你和你的同学谈各自喜欢的职业。

5. 阅读　Reading

学习汉语的目的

我们班的同学都很喜欢汉语。可是，学习汉语的目的很不一样。

日本留学生大内上子和山本正想去公司做翻译工作。韩国学生金汉成想在中国经商。意大利学生贝拉认为教师是最神圣的职业，她想当汉语教师。美国学生艾米喜欢中国历史和文化，她想进行这方面的研究。美国学生彼得只是觉得汉语特别有意思，学完以后做什么，他也不知道。

（1）按照阅读课文的内容完成会话 Complete the conversation according to the reading

白　华：我有个_____想问问你们。

艾　米：_____？

白　华：你们为什么学习汉语？

大　内：我想去公司当_____。

山　本：我也想_____。

金汉成：我学习汉语，以后_____。

贝　拉：教师是_____，我想_____。

艾　米：我喜欢_____，想进行_____。

白　华：彼得，你呢！

彼　得：我觉得_____，以后做什么，_____。

（2）朗读课文 Read the text aloud

6. 汉字 Chinese characters

(1) 写出带"亻"的汉字 Write some characters with the radical of "亻"

(2) 写出带"彳"的汉字 Write some characters with the radical of "彳"

(3) 给下列汉字注音并组词或短语 Write the *Pinyin* of the following characters and make phrases with them

1) 谁　　2) 题
　 准　　　 趣

3) 备　　4) 聊
　 留　　　 迎

7. 功能会话：听后模仿 Functional conversation：listen then imitate

(1) 自我介绍 Introducing oneself

　　A：我们认识一下儿，我叫王才。请问你叫什么名字？

　　B：我叫山本正。

(2) 介绍他人 Introducing others

　　A：我来介绍一下儿，这是我的好朋友方云天，这位是日本同学山本正。

　　B：认识你，我很高兴。

　　C：认识你，我也很高兴。

(3) 询问姓名 Asking about sb.'s name

　　1) A：你姓什么？叫什么名字？

　　　 B：我姓王，叫王才。

　　2) A：你贵姓？

　　　 B：我姓方，叫方龙。

　　3) A：你是金汉成吧？

　　　 B：是，我是金汉成。

　　4) A：你是谁？

　　　 B：我是山本正，日本学生。

(4) 询问国籍 Asking about nationalities

　　1) A：你是哪国人？

　　　 B：我是中国人。

　　2) A：你是中国人吗？

　　　 B：我不是中国人，我是日本人。

　　3) A：你是日本人吧？

　　　 B：对，我是日本人。

(5) 询问住址　Asking about addresses

1) A：你家在哪儿？

　　B：我家在郊区。

2) A：你家在哪儿？

　　B：我家在学院路 15 号。

3) A：小王家在哪儿？

　　B：他家在那个楼前边。

4) A：你还住六楼吗？

　　B：我还住六楼 518 号。

5) A：你住哪儿？

　　B：我住六楼 332 号。

6) A：你住几楼？多少号？

　　B：我住八楼 518 号。

7) A：你住五楼，还是六楼？

　　B：五楼。

8) A：你住在宾馆，还是住在学校？

　　B：住在学校。

(6) 询问领有的人或物　Asking about the things owned by someone

1) A：你有词典吗？

　　B：我有词典。

2) A：你有中文词典吗？

　　B：我没有中文词典。

3) A：请问，有世界地图吗？

　　B：有。

4) A：小姐，有《汉日词典》吗？

B：没有。

(7) 询问物量　Asking about the number of things or people

1) A：你有几支铅笔？

B：我有三支铅笔。

2) A：你们班有多少个学生？

B：我们班有十二个学生。

3) A：你家有几口人？

B：我家有三口人。

4) A：你们班有多少学生？

B：我们班有十个学生。

5) A：你们系有多少老师？

B：我们系有九十五个老师。

6) A：你要买几个本子？

B：三个。

(8) 感谢（1）　Thanks（1）

1) A：你要注意身体，别太累了。

B：谢谢。

A：不客气。

2) A：请问，哪儿有书店？

B：前边有。

A：谢谢你。

B：不谢。

3) A：你最近进步很快。

B：这要感谢你的帮助。

A：不用客气。

4) A：我有两本《汉日词典》，送你一本吧。

B：我怎么谢你呀？

A：好办，请客。（用于熟人）

(9) 辨认人或物　Identifying people or things

1) A：他是老师吗？

B：是，他是老师。

2) A：他是老师吗？

B：不是，他是学生。

3) A：你认识他吗？

B：认识，他叫王欢，是方老师的朋友。

4) A：那是书店吗？

B：不是，那是商店。

5) A：这是什么？

B：这是空调。

6) A：那是什么？

B：那是暖气。

7) A：这是你的书吗？

B：这是我的书。

8) A：这是你的书吗？

B：这不是我的书，这是山本的书。

(10) 告别 Saying good-by

1) A：再见！

   B：再见！

2) A：明天见！

   B：明天见！

3) A：后天下午见！

   B：后天下午见！

④ 语 法
Grammar

句子成分 Sentence composition

句子成分分为两种：一种叫直接成分，一种叫间接成分。句子的直接成分通常是主语和谓语，句子的间接成分通常是中心语或述语、宾语、补语、状语和定语。其中，述语是跟宾语、补语相对而言的成分，中心语是跟状语、定语相对而言的成分。如：

There are two types of sentence composition, one is called a direct composition and the other is called an indirect composition. The direct composition includes a subject and a predicate. The indirect composition includes a modified word or predicative, object, complement, adverbial and attributive. Among them, the predicative relates to the object or complement, and the modified word relates to the adverbial or attributive, e. g.

主语 zhǔyǔ			谓语 wèiyǔ						
	短语 duǎnyǔ			短语 duǎnyǔ					
词 cí	定语 dìngyǔ	中心语 zhōngxīnyǔ	词 cí	状语 zhuàngyǔ	中心语/述语 zhōngxīnyǔ /shùyǔ	补语 bǔyǔ	宾语 bīnyǔ		
							词 cí	短语 duǎnyǔ	
								定语 dìngyǔ	中心语 zhōngxīnyǔ
你					来				
他					去		商店		
她					是			美国	人
我				常	去		公园		
我					记	不住	生词		
	他的	身体		很	好				

⑤ 注 释
Notes

1. "对了"

"对了"可表示忽然想起另一件事，用于转换话题。

对了 indicates that somebody suddenly remembers something. It is used to change the topic.

2. "教师""老师"

"教师""老师"都指从事教学工作的人员。"教师"用于书面语，带有庄重的感情色彩；"老师"用于口语，带有亲切的感情色彩。此外，"老师"可用于称呼。

Both 教师 and 老师 mean teacher, 教师 is more serious, and used in written language; 老师 is more cordial, and used in spoken language as well as in the form of address.

⑥ 汉字表

Table of the stroke order of Chinese characters

汉字 Hànzì	结构与笔顺 jiégòu yǔ bǐshùn		繁体 fántǐ
进	井	一 二 井 井	進
	辶		
步	止	丨 卜 止 止	
	少	丿 小 少	
感	咸	戌 一 厂 厂 厃 咸 咸 咸	
		口	
	心		
题	是	日 旦 早 旱 昇 是	題
	页		
当	丷		當
	彐		
翻	番	釆 一 丆 爫 产 平 平 采	
		田	
	羽	习	
		习	
译	讠		譯
	译	又	
		丰	
准	冫		準
	隹		

250

第 15 课

备	夂 田		備
趣	走		
	取	耳	
		又	
能	肯	厶	
		月	
	匕	匕	
		匕	
原	厂		
	白		
	小		
因	口 大	丨 冂 冂 团 因 因	
神	礻	丶 ラ 礻 礻	
	申	丨 冂 曱 日 申	
圣	又 土		聖
历	厂 力		歷/曆
特	牛	丿 匕 牛 牛	
	寺	土	
		寸	
解	角	夕	
		用	
	犁	刀	
		牛	
结	纟		結
	吉	士	
		口	

束	一	厂	丆	戸	申	束	束			
旅	方									
	长	一								
		长	ノ	匚	ト	长				
电	丨	冂	冃	日	电					
影	景	日								
		京								
	彡	ノ	ク	彡						
南	十									
	用	冂								
		半	⺷							
			干							
化										
聊	耳									
	卯	夕	ノ	匚	夕					
		卩								
目										
留	卯	夕	ノ	匚	夕					
		刀								
	田									
面	一	丆	丆	丙	而	而	而	面		(麵)
视	礻									視
	见									
慢	忄									
	曼	日								
		罒								
		又								

韩	卓	十	韓
		日	
		十	
	韦	一 二 ヨ 韦	
金	人	人 亼 合 仐 仒 金 金	
	王		
	⋀		
彼	彳		
	皮	丆 厂 广 庀 皮	

第 16 课
Lesson 16

① 课 文
Text

房间打扫得真干净

（今天是大内的生日。下午，金汉成、山本、贝拉等一起来找大内。 Today is Ōuchi's birthday. Kim Han-sung, Yamamoto, Berra and other students come to see Ōuchi in the afternoon.）

（一）

贝　拉：大内，生日　晚会　准备得　怎么样　啦？
　　　　Dànèi, shēngri wǎnhuì zhǔnbèide zěnmeyàng la?

大　内：正　准备　呢。你们　快　请　进！
Zhèng zhǔnbèi ne. Nǐmen kuài qǐng jìn!

山　本：呵，房间　打扫得　真　干净！
Hē, fángjiān dǎsǎode zhēn gānjìng!

金汉成：东西　也　收拾得　很　整齐。
Dōngxi yě shōushide hěn zhěngqí.

贝　拉：还　有　什么　事　吗？
Hái yǒu shénme shì ma?

大　内：水果　还　没　洗。
Shuǐguǒ hái méi xǐ.

贝　拉：我　去　洗。
Wǒ qù xǐ.

大　内：哎呀，生日　蜡烛　还　没　买。
Āiyā, shēngri làzhú hái méi mǎi.

山　本：别　着急，我　现在　就　去　商店　买。
Bié zháojí, wǒ xiànzài jiù qù shāngdiàn mǎi.

大　内：糟糕！
　　　　Zāogāo!

山　本：又 怎么 啦？
　　　　Yòu zěnme la?

大　内：今天 的 作业 还 没 做 完 呢。
　　　　Jīntiān de zuòyè hái méi zuò wán ne.

金汉成：没 关系，晚会 以后 再 做。
　　　　Méi guānxi, wǎnhuì yǐhòu zài zuò.

（二）

贝　拉：这 是 什么？
　　　　Zhè shì shénme?

大　内：这 是 妈妈 昨天 寄来的 生日 礼物。
　　　　Zhè shì māma zuótiān jì lái de shēngri lǐwù.

山　本：可以 给 我们 看看 吗？
　　　　Kěyǐ gěi wǒmen kànkan ma?

大　内：可以。
　　　　Kěyǐ.

贝　拉：一只 小 白兔！
　　　　Yì zhī xiǎo báitù!

金汉成：大内，你妈妈为什么送你这种小东西？
　　　　Dànèi, nǐ māma wèi shénme sòng nǐ zhè zhǒng xiǎo dōngxi?

大　内：我妈妈说，我是兔年出生的，属兔。
　　　　Wǒ māma shuō, wǒ shì tùnián chūshēng de, shǔ tù.

金汉成：怪不得你跑得那么快呢。
　　　　Guài bu de nǐ pǎode nàme kuài ne.

大　内：金先生，你是属什么的？
　　　　Jīn xiānsheng, nǐ shì shǔ shénme de?

金汉成：属猴。
　　　　Shǔ hóu.

大　内：怪不得你那么聪明呢。
　　　　Guài bu de nǐ nàme cōngming ne.

② 生 词
New Words

1. 打扫 （动） dǎsǎo to clean, to sweep
2. 得 （助） de (a structural particle)
3. 干净 （形） gānjìng clean
4. 生日 （名） shēngri birthday
5. 晚会 （名） wǎnhuì party
6. 啦 （助） la (a modal particle)
7. 进 （动） jìn to enter, to come or go into
8. 呵 （叹） hē (an exclamation)
9. 东西 （名） dōngxi thing, matter
10. 收拾 （动） shōushi to put in order, to get things ready, to pack
11. 整齐 （形） zhěngqí tidy, neat, in good order
12. 水果 （名） shuǐguǒ fruit
13. 洗 （动） xǐ to wash
14. 哎呀 （叹） āiyā (an exclamation)
15. 蜡烛 （名） làzhú candle
16. 糟糕 （形） zāogāo terrible, bad luck
17. 没 （动） méi not, no
18. 关系 （名） guānxi matter, relation, connection
19. 没关系 méi guānxi it doesn't matter, never mind
20. 寄 （动） jì to post, to send

21. 礼物（名）	lǐwù	gift, present
22. 兔　（名）	tù	hare, rabbit
23. 年　（名）	nián	year
24. 出生（动）	chūshēng	to be born
25. 属　（动）	shǔ	to be born in the year of...
26. 怪　（动、形、副）	guài	to wonder; strange; quite, rather
27. 怪不得	guài bu de	no wonder, so that's why
28. 跑　（动）	pǎo	run
29. 猴　（名）	hóu	monkey
30. 已　（副）	yǐ	already
31. 已经（副）	yǐjīng	already
32. 正在（副）	zhèngzài	just, in process of
33. 文章（名）	wénzhāng	article, essay
34. 篇　（量）	piān	(a measure word)
35. 通知（名、动）	tōngzhī	information; to inform, to notify
36. 幅　（量）	fú	(a measure word)
37. 画儿（名）	huàr	drawing, picture, painting
38. 动作（名）	dòngzuò	action, movement
39. 音乐（名）	yīnyuè	music
40. 流利（形）	liúlì	fluent
41. 清楚（形、动）	qīngchu	clear, distinct; understand
42. 非常（副）	fēicháng	very, extremely
43. 可爱（形）	kě'ài	lovely

③ 练 习
Exercises

1. 语音　Pronunciation

   (1) 辨音辨调　Distinguish sounds and tones

   　　dǎsǎo（打扫）　　　　　　gānjìng（干净）
   　　dàsǎo（大嫂）　　　　　　gǎnjǐn（赶紧）

   　　zhěngqí（整齐）　　　　　shōushi（收拾）
   　　zhēng qì（争气）　　　　　shǒushi（首饰）

   　　chūshēng（出生）　　　　　lǐwù（礼物）
   　　chūshēn（出身）　　　　　lǐwū（里屋）

   　　yì jīn（一斤）　　　　　　zhòng cài（种菜）
   　　yǐjīng（已经）　　　　　　zhèngzài（正在）

   　　yīnyuè（音乐）
   　　yīyuè（一月）

   (2) 双音节声调　Tones of disyllables

   　　yěxiě：　kěyǐ（可以）　　　　　Fǎyǔ（法语）
   　　　　　　fǔdǎo（辅导）　　　　　xǐzǎo（洗澡）
   　　　　　　biǎoyǎn（表演）　　　　zhǎnlǎn（展览）
   　　　　　　shǒubiǎo（手表）　　　yǒuhǎo（友好）
   　　　　　　zhǐhǎo（只好）　　　　　shuǐguǒ（水果）

yěkàn： biǎoxiàn（表现） mǐfàn（米饭）

gǎnxiè（感谢） gǎnmào（感冒）

qǐngwèn（请问） qǐng jià（请假）

zhǔnbèi（准备） wǎnhuì（晚会）

kěshì（可是） yǐhòu（以后）

(3) 重音　Stress

1) 这种东西很难买。

这种词典容易买。

今天的作业容易做。

那个房间很难打扫。

2) 房间收拾得很整齐。

教室打扫得很干净。

他的作业做得很快。

他的汉字写得很好。

2. 词语　Words and phrases

(1) 朗读短语　Read the phrases aloud

干净的教室　　　教室很干净

干净的宿舍　　　宿舍很干净

干净的房间　　　房间很干净

干净的桌子　　　桌子很干净

干净的公园　　　公园很干净

做完作业　　　预习完生词

念完课文　　　复习完课文

听完录音　　　　　练习完发音

写完信　　　　　　打扫完房间

洗完水果　　　　　收拾完东西

跑得很快　　　　　打扫得很干净

写得很慢　　　　　收拾得很整齐

吃得很多　　　　　复习得很快

念得很好　　　　　预习得很好

做得很少　　　　　练习得很多

洗得很干净　　　　进行得很慢

（2）用下列生词至少组成两个短语　Make at least two phrases with each of the following words

1）生日　　　2）东西　　　3）水果　　　4）关系

5）打扫　　　6）收拾　　　7）洗　　　　8）寄

9）通知　　　10）文章　　　11）可爱　　　12）音乐

（3）用"怪不得"完成对话　Complete the dialogues with "怪不得"

1）A：马文生的爸爸是美国人。

　　B：_____。（说）

2）A：李小华的妈妈是日本人。

　　B：_____。（说）

3）A：艾米的爸爸常来北京。

　　B：_____。（了解）

4）A：赵元的哥哥常去意大利。

　　B：_____。（了解）

5）A：贝拉在汉语速成学院学习。

　　B：_____（进步）

6）A：金汉成喜欢长跑。

　　B：_____。（身体）

3. 句型　Sentence patterns

（1）替换　Substitution

1）<u>作业</u>什么时候<u>做</u>？
　　<u>作业</u>晚上<u>做</u>。

练习	做
课文	复习
生词	预习
汉字	写
录音	听
晚会	准备
房间	打扫
东西	收拾

2）<u>作业做</u>得怎么样？
　　<u>作业做</u>得很<u>好</u>。

练习	做	好
课文	复习	好
生词	预习	好
房间	打扫	干净
东西	收拾	整齐
文章	翻译	好

3）<u>这个生词</u>的意思很难懂。

| 这个句子 |
| 这封信 |
| 这篇课文 |
| 这篇文章 |
| 这个通知 |
| 这幅画儿 |
| 这个动作 |
| 这个音乐 |

4) 他<u>说得流利不流利</u>?
他<u>说得很流利</u>。

念	快
写	好看
玩儿	高兴
打扫	干净
收拾	整齐
介绍	清楚
回答	对

5) 他<u>说得怎么样</u>?
他<u>说得不好</u>。

念	清楚
写	好看
跑	慢
做	好
洗	干净
读	快
回答	对
收拾	整齐

(2) 把下列词语连成句子 Put the words into sentences

1) 准备 了 好 晚会 吗
2) 信 没 写 完 还 呢
3) 洗 干净 得 衣服 很
4) 北京 情况 的 很 多 了解 得 对 他
5) 宿舍 干净 不 太 得 打扫
6) 进步 他 得 快 很
7) 意思 是 什么 动作 这个
8) 通知 辅导 有 老师 我们 下午
9) 意思 文章 这篇 懂 很 容易 的
10) 懂 难 不 意思 这个 音乐 的

4. 模仿　Imitate

(1) A：<u>生日晚会准备</u>得怎么样啦？
　　B：<u>正准备呢</u>。

　　A：<u>课文复习</u>得怎么样啦？
　　B：<u>已经复习完了</u>。

　　A：＿＿＿＿＿＿＿＿＿得怎么样啦？
　　B：＿＿＿＿＿＿＿＿＿＿＿＿＿。

(2) A：<u>房间打扫</u>得真<u>干净</u>！
　　B：<u>东西</u>也<u>收拾</u>得很<u>整齐</u>。

　　A：<u>作业</u>写得真<u>整齐</u>！
　　B：<u>汉字</u>也<u>写</u>得很<u>好看</u>。

　　A：＿＿＿＿＿得真＿＿＿＿＿！
　　B：＿＿＿＿＿也＿＿＿＿得很＿＿＿＿。

(3) A：还有什么事吗？
　　B：<u>水果</u>还没<u>洗</u>。

　　A：还有什么事吗？
　　B：<u>练习</u>还没<u>做</u>。

A：还有什么事吗？
B：＿＿＿＿＿＿还没＿＿＿＿＿＿。

(4) A：哎呀，<u>生日蜡烛</u>还没<u>买</u>。
B：别着急，我现在就<u>去买</u>。

A：哎呀，<u>房间</u>还没<u>打扫</u>。
B：别着急，我现在就<u>打扫</u>。

A：哎呀，＿＿＿＿＿＿＿＿还没＿＿＿＿＿＿＿＿。
B：别着急，我现在就＿＿＿＿＿＿＿＿。

(5) A：糟糕！
B：又怎么啦？
A：<u>今天的作业</u>还没<u>做完</u>呢。

A：糟糕！
B：又怎么啦？
A：<u>生日蜡烛</u>还没<u>买</u>呢。

A：糟糕！
B：又怎么啦？
A：＿＿＿＿＿＿＿＿还没＿＿＿＿＿＿＿＿呢。

（6）A：今天的作业还没做完呢。

B：没关系，晚会以后再做。

A：今天的课文还没复习呢。

B：没关系，明天再复习。

A：＿＿＿＿＿＿＿＿还没＿＿＿＿＿＿＿＿＿＿呢。

B：没关系，＿＿＿＿＿＿＿再＿＿＿＿＿＿＿＿。

（7）A：这是什么？

B：这是妈妈昨天寄来的生日礼物。

A：可以给我看看吗？

B：可以。

A：这是什么？

B：这是我昨天刚买的世界地图册。

A：可以给我看看吗？

B：可以。

A：这是什么？

B：这是＿＿＿＿＿＿＿＿＿＿。

A：可以给我看看吗？

B：可以。

(8) A：你是哪年出生的？
　　B：我是兔年出生的，属兔。

　　A：你是哪年出生的？
　　B：我是狗年出生的，属狗。

　　A：你是哪年出生的？
　　B：我是_____年出生的，属_____。

(9) A：你是属什么的？
　　B：属兔。

　　A：你是属什么的？
　　B：属狗。

　　A：你是属什么的？
　　B：_____。

(10) A：我属兔。
　　 B：怪不得你跑得那么快呢。

　　 A：我属猴。
　　 B：怪不得你那么聪明呢。

A：我属_____。

B：怪不得你_____呢。

(11) A：<u>作业</u>你什么时候<u>做</u>?

B：<u>作业我晚上做</u>。

A：<u>信</u>你什么时候<u>写</u>?

B：<u>信我后天写</u>。

A：_____你什么时候_____?

B：_____我_____。

(12) A：<u>这个句子的意思你懂不懂</u>?

B：<u>这个句子的意思我不懂</u>。

A：<u>这个生词的意思你懂不懂</u>?

B：<u>这个生词的意思我懂</u>。

A：_____你懂不懂?

B：_____。

(13) A：<u>生词难记吗</u>?

B：<u>生词很难记</u>。

A：<u>汉字难写</u>吗？
B：<u>汉字很难写</u>。

A：_____难_____吗？
B：_____。

(14) A：<u>房间打扫</u>得怎么样？
B：<u>房间打扫得很干净</u>。

A：<u>东西收拾</u>得怎么样？
B：<u>东西收拾得很整齐</u>。

A：_____得怎么样？
B：_____。

5. **会话** Conversation

(1) 完成会话 Complete the conversations

1)（今天是山本正的生日，王才帮助他准备生日晚会。 Today is Yamamoto Masa's birthday, Wang Cai is helping him with the birthday party.）

王　才：山本，生日晚会准备得_____？
山　本：_____，快请进。
王　才：呵，房间_____！东西也_____。还有什么事吗？
山　本：_____还没_____。

王　才：我去_____。蜡烛买了吗？

　　山　本：哎呀，_____。

　　王　才：别着急，我_____完_____
　　　　　　就去买。

　　山　本：太感谢你了。

　　王　才：_____。

2)（山本收到一个朋友寄来的生日礼物。 Yamamoto receives a birthday present mailed by a friend of his.）

　　王　才：这是什么？

　　山　本：这是_____。

　　王　才：_____？

　　山　本：可以。

　　王　才：是_____！_____为什么送你_____？

　　山　本：_____。

3)（艾米和贝拉在宿舍谈话。Amy and Berra are talking in the room.）

　　艾　米：贝拉，你做什么呢？

　　贝　拉：复习_____呢。

　　艾　米：今天的作业你做完了吗？

　　贝　拉：_____。

　　艾　米：你什么时候做？

　　贝　拉：复习完_____。艾米，这个
　　　　　　_____我不懂，你懂吗？

　　艾　米：我看看，这个_____。

（2）按照下列情景用本课句型谈话　Have a talk on the following topics with the patterns in the text

1）你的同学来看你，你给他（她）介绍爸爸、妈妈寄来的生日礼物。

2）你的同学来看你，你给他（她）介绍生日晚会准备的情况。

6. 阅读 Reading

写给爸爸妈妈的一封信

爸爸、妈妈：

你们好！

今天是我的生日。我很想念你们，也很想念我的弟弟。

今天，我的房间打扫得很干净，房间里的东西也收拾得很整齐。晚上七点，几位朋友要来我的房间，和我一起过生日。

你们给我买的生日礼物真好！我非常喜欢，这只小白兔太可爱了！

爸爸工作一定很忙吧？要多休息。妈妈身体怎么样？

最近我的学习很紧张。我们每天学习一课。每课都有很多生词。下课以后，还要写作业，听录音。可是，我不觉得很累，身体也很好。

你们的女儿上子
××××年5月6日

（1）回答问题 Answer the questions

1）今天大内的房间打扫得怎么样？为什么？

2）她觉得爸爸、妈妈给她买的生日礼物怎么样？

3）她关心（guānxīn，care for）爸爸妈妈吗？

4）她最近学习紧张吗？

(2) 朗读课文　Read the text aloud

7. 汉字　Chinese characters

(1) 写出带"扌"的汉字　Write some characters with the radical of "扌"

(2) 写出带"冫"的汉字　Write some characters with the radical of "冫"

(3) 给下列汉字注音并组词和短语　Write the *Pinyin* of the following characters and make phrases with them

　　1）候　　　2）蜡
　　　猴　　　　错
　　3）清　　　4）干
　　　请　　　　于

④ 语　法
Grammar

1. 意义上的被动句　Notional passive sentence

无形式标记的被动句称为意义上的被动句。这种句子的语序如下：

A passive sentence with no formal marker is known as a notional passive sentence. The structural order of such sentences is as follows：

主语 zhǔyǔ	谓语 wèiyǔ		
受事 shòushì	状语 zhuàngyǔ	中心语/述语 zhōngxīnyǔ/shùyǔ	补语 bǔyǔ
生词	很难	记	
东西	也	收拾得	很整齐

注意：(1) 受事须是话题。(2) 受事一般是确指的。(3) 受事为人时，施受关系容易混淆，一般不宜采用意义上的被动句。

Points for attention: (1) The receiver of the action should be the topic. (2) The receiver of the action usually is specified. (3) When the receiver of the action is a person, the relation between the receiver and the doer is likely to be confused, so in such cases, the notional passive sentence is usually not used.

2. 状态补语 (1)　Complement of state (1)

通过结构助词"得"跟动词发生联系，用来评议动作结果的状态的补充性成分叫状态补语。状态补语可由形容词或形容词短语充当。如：

The complementary element to connect the verb with the structural particle 得 in order to judge the state of the result of an action is known as the complement of state. Adjectives or adjectival phrase can acts as the complement of state, e. g.

述语		状态补语
说	得	比较好
打扫	得	很干净

注意：这种述补短语可用副词"没（有）"或"不"否定，但"没（有）"只用于述语动词之前，而"不"一般是跟形容词一起组成状态补语。如："他没有打扫得很干净"、"他打扫得不干净"。这种述补短语的正反疑问形式是"动词＋得＋形容词＋不＋形容词"。如"他打扫得干净不干净？"

Points for attention：没（有）or 不 is the negative form of this predicative-complement phrase, but 没（有）can only be used before a predicative verb, and 不 usually together with an adjective forms a complement of state, such as 他没有打扫得很干净 and 他打扫得不干净. The affirmative-negative form of this predicative-complement phrase is "verb＋得＋adjective＋不＋adjective", such as 他打扫得干净不干净？

3. 结构助词"得"   The structural particle 得

结构助词"得"用于连接述语和补语。如：

The structural particle 得 is used to link the predicative with the complement.

1) 他说得很慢。
2) 我写得不太好。

⑤ 注 释
Notes

"没关系"

"没关系"也可说成"没有关系",意思是"没有大妨害或不良影响",用于劝慰他人。

没关系 can be replaced by 没有关系, which means "not be much effected or harmful". The phrases are used to comfort somebody.

⑥ 汉 字 表
Table of the stroke order of Chinese characters

汉字 Hànzì	结构与笔顺 jiégòu yǔ bǐshùn		繁体 fántǐ
打	扌 丁		
扫	扌 ヨ		掃
干			乾(幹)
净	冫 争	⺈ ⺄ 丁 ヨ ヨ 争	
啦	口 拉		
呵	口 可		
东	一 乐 东 东		東
收	丩 攵		

拾	扌		
	合		
整	敕	束	
		攵	
	正		
齐	文		齊
	刀		
水	丨 亅 刂 氺 水		
洗	氵		
	先		
哎	口		
	艾		
蜡	虫	丨 冂 口 中 虫 虫	蠟
	昔		
烛	火		燭
	虫		
糟	米	丶 丷 业 米 米	
	曹	曲 一 厂 同 冊 冉 冊 曹	
		日	
糕	米		
	羔	羊	
		灬	
关	丷		關/関
	天		
寄	宀		
	奇	大	
		可	
礼	礻		禮
	乚		

物	牛			
	勿			
兔	⺈			
	兜	丨 冂 口 尹 兇 兜		
属	尸			屬
	禹	一 亻 冂 口 戶 冎 禺 禺 禹		
怪	忄			
	圣			
跑	𧾷			
	包	勹		
		巳		
猴	犭			
	侯	亻		
		矦		
已	𠃌 𠃍 已			
章	音			
	十			
篇	⺮			
	扁	户		
		冊	冂	
			廿	
通	甬	龴		
		用		
	辶			
幅	巾			
	畐			
画	一			畫/劃
	田			
	凵	ㄴ 凵		

动	云					動
	力					
乐	一	二	乐	牙	乐	
流	氵					
	流	六	亠			
			厶			
		川	丿	川	川	
清	氵					
	青					
楚	林	木				
		木				
	疋	一	丆	乛	疋	疋
非	𠄌	丨	𠄌	𠄌	𠄌	
	卜	丨	丨	卜	卜	
爱	罒					愛
	冖					
	友					

⑦ 附 件
Appendix

属 相 表

中国的农历是以十个天干（甲、乙、丙、丁、戊、己、庚、辛、壬、癸）和十二个地支相配来纪年的。用十二种动物代表十二地支，是用来记人出生年份的。如：

The Chinese calendar uses the ten Heavenly Stems（甲，乙，丙，丁，戊，己，庚，辛，壬 and 癸）to match the twelve Earthly Branches in numbering years. Twelve animals represent the twelve Earthly Branches. Each animals is used to symbolize the year in which a person is born, e.g.

地支 dìzhī	子 zǐ	丑 chǒu	寅 yín	卯 mǎo	辰 chén	巳 sì
动物 dòngwù	鼠 shǔ	牛 niú	虎 hǔ	兔 tù	龙 lóng	蛇 shé
地支 dìzhī	午 wǔ	未 wèi	申 shēn	酉 yǒu	戌 xū	亥 hài
动物 dòngwù	马 mǎ	羊 yáng	猴 hóu	鸡 jī	狗 gǒu	猪 zhū

第 17 课
Lesson 17

① 课 文
Text

祝你生日快乐

（当天晚上七点，山本等人来到大内的房间。 At 7 o'clock in the evening of the same day, Yamamoto comes to Ôuchi's room with other students.）

山 本：上子， 生日 快乐！
　　　　Shàngzǐ, shēngri kuàilè!

贝 拉：祝 你 永远 快乐，永远 幸福。
　　　　Zhù nǐ yǒngyuǎn kuàilè, yǒngyuǎn xìngfú.

大 内：谢谢 你们，快 清 坐。
　　　　Xièxie nǐmen, kuài qǐng zuò.

金汉成：祝 你 健康 长寿。
　　　　Zhù nǐ jiànkāng chángshòu.

艾 米：这 句 话 是 对 老人 说 的。
　　　　Zhè jù huà shì duì lǎorén shuō de.

金汉成：对 不 起，我 说 错 了。
　　　　Duì bu qǐ, wǒ shuō cuò le.

大 内：没 关系。
　　　　Méi guānxi.

山 本：这是 我们 几 个 送 你的 花儿。
　　　　Zhè shì wǒmen jǐ ge sòng nǐ de huār.

283

大　内：这 花儿 真 漂亮！我 很 喜欢。谢谢，谢谢 你们。
　　　　Zhè huār zhēn piàoliang! Wǒ hěn xǐhuan. Xièxie, xièxie nǐmen.

贝　拉：你 数 一下，一共 几 枝？
　　　　Nǐ shǔ yíxià, yígòng jǐ zhī?

大　内：一共 6 枝。
　　　　Yígòng liù zhī.

金汉成：汉语里 的"6"是 个 吉利 的 数字。
　　　　Hànyǔli de "liù" shì ge jílì de shùzì.

山　本：祝 你 事事 顺利。
　　　　Zhù nǐ shìshì shùnlì.

大　内：太 感谢 你们 了。
　　　　Tài gǎnxiè nǐmen le.

贝　拉：听，有 人 敲 门。
　　　　Tīng, yǒu rén qiāo mén.

大　内：请 进。啊，是 你！欢迎，　欢迎。我 给 你们 介绍
　　　　Qǐng jìn. Ā, shì nǐ! Huānyíng, huānyíng. Wǒ gěi nǐmen jièshào

　　　　一下，这 位 是 方　云天　同学。他 是 方 老师 的
　　　　yíxià, zhè wèi shì Fāng Yúntiān tóngxué. Tā shì Fāng lǎoshī de

　　　　儿子，也 是 我 的 辅导 老师。
　　　　érzi, yě shì wǒ de fǔdǎo lǎoshī.

山　本：还 是 我 的　朋友。
　　　　Hái shì wǒ de péngyou.

方云天：大内 小姐，我 代表 我 爸爸，祝 你 生日 快乐！
　　　　Dànèi xiǎojie, wǒ dàibiǎo wǒ bàba, zhù nǐ shēngri kuàilè!

大　内：谢谢，　非常　感谢。
　　　　Xièxie, fēicháng gǎnxiè.

方云天：我 爸爸 身体 不 太 好，没 来。这 是 我 送 你 的
　　　　Wǒ bàba shēntǐ bú tài hǎo, méi lái. Zhè shì wǒ sòng nǐ de

　　　　礼物。
　　　　lǐwù.

贝 拉：快 看看，是 什么 礼物？
　　　Kuài kànkan, shì shénme lǐwù?

方云天：是 两 本 词典。一 本 是 汉日 的，一 本 是 日汉 的。
　　　Shì liǎng běn cídiǎn. Yì běn shì Hàn-Rì de, Yì běn shì Rì-Hàn de.

大　内：太 好 了！谢谢 你。
　　　Tài hǎo le! Xièxie nǐ.

方云天：不用 谢。
　　　Búyòng xiè.

山　本：真 遗憾！
　　　Zhēn yíhàn!

艾　米：你 遗憾 什么？
　　　Nǐ yíhàn shénme?

山　本：要是今天也是我的生日，该多好！
　　　　Yàoshi jīntiān yě shì wǒ de shēngri, gāi duō hǎo!

艾　米：为什么？
　　　　Wèi shénme?

山　本：我正想买这种词典呢。
　　　　Wǒ zhèng xiǎng mǎi zhè zhǒng cídiǎn ne.

②生词
New Words

1. 祝	（动）	zhù	to wish, to express good wishes
2. 快乐	（形）	kuàilè	happy, cheerful
3. 永远	（副、形）	yǒngyuǎn	always, forever
4. 幸福	（形）	xìngfú	happy
5. 坐	（动）	zuò	to sit
6. 健康	（形）	jiànkāng	healthy, sound
7. 长	（形、名）	cháng	long, lasting; length
8. 寿	（名）	shòu	longevity, birthday
9. 长寿		cháng shòu	long life, longevity
10. 话	（名）	huà	words
11. 老	（形）	lǎo	old
12. 老人	（名）	lǎorén	old people
13. 漂亮	（形）	piàoliang	beautiful, pretty
14. 数	（动）	shǔ	to number, to count
15. 吉利	（形）	jílì	lucky, fortunate

16.	数	（名）	shù	number, figure
17.	数字	（名）	shùzì	figure, numeral, digit
18.	顺利	（形）	shùnlì	smooth, successfully
19.	啊	（叹）	ā	(an exclamation)
20.	敲	（动）	qiāo	to knock, to bit, to strike
21.	门	（名）	mén	door, gate
22.	代表	（动、名）	dàibiǎo	to represent, to stand for, deputy
23.	不用	（动）	búyòng	to need not
24.	遗憾	（形）	yíhàn	pity, regretful
25.	该	（能动）	gāi	should
26.	多	（副）	duō	how
27.	新	（形）	xīn	new, fresh
28.	新年	（名）	xīnnián	new year
29.	全	（形、副）	quán	entire, whole; completely, entirely
30.	一切	（代）	yíqiè	all, everything
31.	万	（数）	wàn	ten thousand
32.	万事	（名）	wànshì	all things, everything
33.	如意		rúyì	as one wishes
34.	心	（名）	xīn	heart
35.	让	（动）	ràng	to let
36.	唱歌		chàng gē	to sing a song
37.	开	（动）	kāi	to open, to drive
38.	关	（动）	guān	to close, to shut
39.	喊	（动）	hǎn	to shout, to yell

专名 Proper Nouns

1. 汉英词典　　Hàn-Yīng Cídiǎn　　Chinese-English Dictionary
2. 英汉词典　　Yīng-Hàn Cídiǎn　　English-Chinese Dictionary

③ 练习 Exercises

1. 语音　Pronunciation

　（1）辨音辨调　Distinguish sounds and tones

　　　kuàilè（快乐）　　　　xìngfú（幸福）
　　　huānlè（欢乐）　　　　xīnkǔ（辛苦）

　　　chángshòu（长寿）　　shùnlì（顺利）
　　　chuánshòu（传授）　　jílì（吉利）

　　　dàibiǎo（代表）　　　yíhàn（遗憾）
　　　wàibiǎo（外表）　　　xīhan（希罕）

　　　jīnnián（今年）　　　yíqiè（一切）
　　　xīnnián（新年）　　　yìxiē（一些）

　　　rúyī（如一）
　　　rúyì（如意）

（2）双音节声调　Tones of disyllables

zài tīng：　hùxiāng（互相）　　　jiànkāng（健康）

　　　　　rènzhēn（认真）　　　lùyīn（录音）

　　　　　xìnfēng（信封）　　　diàndēng（电灯）

　　　　　yìbān（一般）　　　　yìbiān（一边）

　　　　　dàjiā（大家）　　　　miànbāo（面包）

　　　　　bìxū（必须）　　　　bàntiān（半天）

zài dú：　jìnxíng（进行）　　　rèqíng（热情）

　　　　　nèiróng（内容）　　　bùtóng（不同）

　　　　　yùxí（预习）　　　　fùxí（复习）

　　　　　xìngfú（幸福）　　　lìrú（例如）

　　　　　fùzá（复杂）　　　　fùzé（负责）

　　　　　tèbié（特别）　　　　yìzhí（一直）

（3）重音　Stress

1）祝你健康！　　　祝你永远健康！

　　祝你快乐！　　　祝你生日快乐！

　　祝你顺利！　　　祝你事事顺利！

　　祝你幸福！　　　祝你永远幸福！

　　祝你长寿！　　　祝你健康长寿！

2）请你问！　　　　请你念课文！

　　请你回答！　　　请你念生词！

　　请你来！　　　　请你做练习！

　　请你休息！　　　请你坐这儿！

3）看一下儿   认识一下儿

   念一下儿   介绍一下儿

   写一下儿   练习一下儿

   说一下儿   预习一下儿

   数一下儿   复习一下儿

   想一下儿   准备一下儿

   问一下儿   打扫一下儿

   去一下儿   收拾一下儿

  4）打扫一下儿房间

   收拾一下儿桌子

   预习一下儿生词

   复习一下儿课文

2. 词语 Words and phrases

（1）用下列生词至少组成两个短语 Make at least two phrases with each of the following words

  1）快乐 2）幸福 3）健康 4）长寿

  5）漂亮 6）吉利 7）顺利 8）遗憾

  9）代表 10）开 11）关 12）一切

（2）把下列短语扩展成句子 Make sentences with the phrases

  1）幸福的老人

  2）漂亮的小姐

  3）吉利话

  4）代表老师和同学

  5）让我们

6）快乐的年轻人

  7）漂亮的画儿

  8）健康的身体

  9）健康长寿

  10）我们班的代表

  11）好心人

  12）喊我

  13）全班同学

  14）一万块钱

3. 句型　Sentence patterns

 （1）替换　Substitution

  1）祝你<u>生日快乐</u>。

新年快乐
天天快乐
永远快乐
永远幸福
全家幸福
事事顺利
一切顺利
健康长寿
万事如意
心想事成
身体健康

2）他请谁当翻译？
　他请艾米当翻译。

吃饭	白老师
看电影	丁兰
听音乐	于文
回答问题	贝拉
辅导语法	方云天
准备晚会	金汉成
打扫房间	服务员
介绍中国文化	马老师

3）他让你做什么？
　他让我念课文。

| 问问题 |
| 回答问题 |
| 造一个句子 |
| 给他写信 |
| 唱一个歌 |
| 打扫教室 |
| 去办公室 |
| 去他家吃饭 |

4）听，有人敲门。

| 开门 |
| 关门 |
| 找你 |
| 喊你 |
| 叫你 |
| 唱歌 |

5) 请<u>你介绍</u>一下儿<u>学习方法</u>。

你	回答	这个问题
你	翻译	这个句子
你	帮助	打扫教室
你	帮助	收拾桌子
你们	预习	生词
你们	复习	语法
你们	了解	那个学校的情况
你们	介绍	家庭情况

6) 我<u>问</u>的是<u>这个问题</u>。

想	事（件）
要	衣服（件）
说	句子（个）
写	汉字（个）
念	课文（篇）
唱	歌（支）
买	本子（种）
介绍	人（个）
研究	问题（个）

7) 这本书是<u>英文</u>的。

中文
日文
法文
德文
俄文
韩国文
阿拉伯文
西班牙文
意大利文

(2) 完成句子　Complete the sentences

　　1) 丁兰的英文很好，我们请_____。

　　2) 方云天懂语法，我们请_____。

　　3) 金老师研究中国文化，我们请_____。

　　4) 艾米唱歌很好，我们请_____。

　　5) 这个问题比较难，我们请_____。

　　6) 上课的时候，老师让_____。

　　7) 回家以后，妈妈让_____。

　　8) 我的房间不太干净，妈妈让_____。

　　9) 我不常给爸爸写信，爸爸让_____。

　　10) 哥哥想去看电影，他让_____。

4. 模仿　Imitate

(1) A：<u>祝你生日快乐，永远幸福</u>！

　　B：<u>谢谢你</u>！

　　A：<u>祝你事事顺利</u>！

　　B：<u>太感谢你们了</u>！

　　A：祝_____！

　　B：_____！

(2) A：<u>这句话是对老人说的</u>。

　　B：对不起，我说错了。

A：<u>这句话</u>不是<u>吉利话</u>。
B：对不起，我说错了。

A：_____。
B：对不起，我说错了。

(3) A：这是<u>我们几个</u>送你的<u>花儿</u>。
B：<u>这花儿真好看</u>！我很喜欢。谢谢，谢谢<u>你们</u>。

A：这是<u>我</u>送你的<u>画儿</u>。
B：<u>这画儿真好看</u>！我很喜欢。谢谢，谢谢<u>你</u>。

A：这是_____送你的_____。
B：这_____真_____！我很喜欢。谢谢，谢谢_____。

(4) A：汉语里的"<u>6</u>"是个吉利的数字。
B：意思是<u>事事顺利</u>。

A：汉语里的"<u>9</u>"是个吉利的数字。
B：意思是<u>健康长寿</u>。

A：汉语里的_____是个吉利的数字。
B：意思是_____。

(5) A：我给你们介绍一下儿，这位是<u>方云天同学</u>。他是<u>方老师的儿子</u>，也是<u>我的辅导老师</u>。

B：你们好！

A：我给你们介绍一下儿，这位是<u>王欢先生</u>，他是<u>我们系主任</u>，也是<u>方老师的朋友</u>。

B：你们好！

A：我给你们介绍一下儿，这位是＿＿＿＿＿＿＿，他是＿＿＿＿＿＿＿，也是＿＿＿＿＿＿＿＿＿＿。

B：你们好！

(6) A：我代表<u>我爸爸祝你生日快乐</u>！

B：谢谢，非常感谢！

A：我代表<u>我们系的老师和同学欢迎你们</u>！

B：谢谢，非常感谢！

A：我代表＿＿＿＿＿＿＿＿＿＿。

B：谢谢，非常感谢！

(7) A：<u>我爸爸身体不好，没来</u>。

B：真遗憾！

A：白老师今天有事，没来。
　　B：太遗憾了。

　　A：_____，没来。
　　B：_____。

(8)　A：这是我送你的礼物。
　　B：这礼物太好了，谢谢你！

　　A：这是王才送你的礼物。
　　B：这礼物太好了，谢谢他！

　　A：这是_____送你的礼物。
　　B：这礼物太好了，谢谢_____！

(9)　A：真遗憾！
　　B：你遗憾什么？
　　A：今天也是我的生日，该多好！

　　A：真遗憾！
　　B：你遗憾什么？
　　A：白老师要是来，该多好！

A：真遗憾！

　　　B：你遗憾什么？

　　　A：_____，该多好！

(10)　A：他请谁当翻译？

　　　B：他请大内上子当翻译。

　　　A：他请谁帮助收拾？

　　　B：他请王才帮助收拾。

　　　A：他请谁_____？

　　　B：他请_____。

(11)　A：有人不高兴。

　　　B：谁？

　　　A：贝拉。

　　　B：有人不喜欢白老师。

　　　A：谁？

　　　B：彼得。

　　　A：有人_____。

　　　B：谁？

　　　A：_____。

(12) A：是谁想去商店?

B：山本。

A：是谁想买画儿?

B：艾米。

A：是谁想_____?

B：_____。

(13) A：你问的是这个问题吗?

B：我问的是这个问题。

A：他想买的是这种地图册吗?

B：他想买的不是这种地图册。

A：_____的是_____吗?

B：_____。

(14) A：这本词典是谁的?

B：这本词典是我的。

A：那张地图是谁的?

B：那张地图是大内上子的。

A：_____是谁的？

B：_____。

(15) A：<u>你</u>是<u>做什么工作的</u>？

B：<u>我是做翻译工作的</u>。

A：<u>他是学什么的</u>？

B：<u>他是学英语的</u>。

A：_____是_____什么的？

B：_____。

5. 会话 Conversation

(1) 完成会话 Complete the conversations

1) (今天是艾米的生日，丁兰和大内给她祝贺生日。 Today is Amy's birthday. Ding Lan and Ôuchi come to say happy birthday to her.)

丁　兰：艾米，生日快乐！

大　内：祝你_____！

艾　米：_____，快请坐！

丁　兰：这是我送你的_____。

艾　米：这_____真_____！我很喜欢。太_____了。

丁　兰：_____。

_____

大　内：这是我送_____。

艾　米：可以_____吗？

大　内：可以。

艾　米：啊，是两本词典，一本_____，一本_____，太有用了。

大　内：你喜欢吗？

艾　米：非常_____，我正想买_____呢。

2）(金汉成在王才的宿舍谈话。　Kim Han-sung is talking with Wang Cai in Wang Cai's room.)

王　才：请进，请坐。

金汉成：_____。你住一层，真_____。

王　才：你呢？你住几层？

金汉成：六层，606号。

王　才：怪不得你进步_____呢？

金汉成：你说什么？

王　才：你知道吗？汉语里的"6"_____，意思是_____。

金汉成：啊，我太_____了。

（2）按照下列情景用本课句型谈话　Have a talk on the following topics with the patterns in the text

1）今天是你同学的生日，你去给他祝贺（zhùhè, congratulate）生日。

2) 今天是你的生日，你的同学和中国朋友来给你祝贺生日，你给他们做介绍。

6. 阅读　Reading

大内的生日

今天是大内小姐的生日。

晚上七点，山本正、贝拉、艾米和金汉成一起来到大内的宿舍，跟她一起过生日。

山本他们送给大内的生日礼物是六枝花儿。金汉成说，中国人认为，"六"是个吉利的数字，他们送六枝漂亮的花儿，意思是祝大内小姐事事顺利。大内高兴得不知道说什么好。

方云天也来到大内的房间。他代表方龙老师祝大内小姐生日快乐。方云天带来的礼物是两本词典。山本也需要这种词典，可是今天不是他的生日，他觉得很遗憾。

（1）回答问题　Answer the questions

  1) 山本正他们送给大内什么礼物？意思是什么？
  2) 方云天送给大内什么礼物？
  3) 山本为什么觉得很遗憾？

（2）朗读课文　Read the text aloud

7. 汉字　Chinese characters

（1）写出带"礻"的汉字　Write some characters with the radical of "礻"

（2）写出带"忄"的汉字　Write some characters with the radical of "忄"

(3) 给下列汉字注音并组词或短语　Write the *Pinyin* of the following characters and make phrases with them

1) 福　　2) 楼
   幅　　　数
3) 万　　4) 唱
   方　　　喝

④ 语 法
Grammar

1. 动量补语（1）　Complement of action measure（1）

"一下（儿）"用在动词述语的后边做补语，表示动作进行一次，并含有所需时间短、不费力或尝试的意思。如：认识～、数～、介绍～。

一下（儿）is used after a verbal predicative, acting as a complement. It indicates one time of the action, which takes a short time or needs few effort, or means a trial of the action, such as 认识～, 数～ and 介绍～.

2. "的"字结构　的-structure

实词与结构助词"的"可构成"的"字结构。这种结构可做主语和宾语。做主语的，如"我问的是这个问题""我想买的不是这种东西"。做宾语的，如"这本书是英文的""我是做翻译工作的"。

A notional word with the structural particle 的 is known as a 的-structure, which can act as a subject, such as 我问的是这个问题 and 我想买的不是这种东西, or act as an object, such as 这本书是英文的 and 我是做翻译工作的.

⑤汉字表
Table of the stroke order of Chinese characters

汉字 Hànzì	结构与笔顺 jiégòu yǔ bǐshùn	繁体 fántǐ
祝	礻/兄	
永	丶 ㇉ 丞 氶 永	
幸	土/辛	
福	礻/畐	
坐	从（人/人）/土	
健	亻/建（聿（𠃌 ㇇ ⼹ ⺕ ⺕ 聿）/廴）	
康	广/隶（𠃌 ⼸ ⺕ ⺕ 肀 肀 隶）	
寿	耂/寸	壽/夀
话	讠/舌	話
漂	氵/票（覀/示（二/小））	

305

			繁体
亮	亠	亠 口 冖	
	几		
数	娄	米	數
		女	
	攵		
吉			
啊	口		
	阿		
顺	川	丿 刂 川	順
	页		
敲	高		
	攴	卜	
		又	
门			門
代	亻		
	弋		
遗	贵		遺
	辶		
憾	忄		
	感		
该	讠		該
	亥	丶 亠 亡 岁 亥 亥	
新	亲	立	
		亲	
	斤		
切	七	一 七	
	刀		

306

万	一	丁	万	萬
如	女			
	口			
心				
让	讠			讓
	上			
唱	口			
	昌	日		
		日		
歌	哥			
	欠			
喊	口			
	咸			

第 18 课
Lesson 18

① 课文
Text

我家前边有条河

（在校园里，山本和大内遇上了方云天。 On the campus, Yamamoto and Ōuchi meet with Fang Yuntian.）

大内：听说　方　老师　身体　不好，我们　想　去
　　　Tīngshuō Fāng lǎoshī shēntǐ bù hǎo, wǒmen xiǎng qù

　　　看看　他。
　　　kànkan tā.

方云天：谢谢。
　　　　　Xièxie.

山　本：（对大内）你 看，我们 什么 时候 去？
　　　　　Nǐ kàn, wǒmen shénme shíhou qù?

大　内：今天、明天 很 忙，没 时间。后天 下午 去，
　　　　　Jīntiān、míngtiān hěn máng, méi shíjiān. Hòutiān xiàwǔ qù,

　　　　怎么样？
　　　　zěnmeyàng?

山　本：可以。（对方云天）你 家 住 在 哪儿？
　　　　　Kěyǐ.　　　　　　　Nǐ jiā zhù zài nǎr?

方云天：郊区。
　　　　　Jiāoqū.

大　内：离 这儿 远 吗？
　　　　　Lí zhèr yuǎn ma?

方云天：不 太 远。骑 自行车 半 小时 就 能 到。
　　　　　Bú tài yuǎn. Qí zìxíngchē bàn xiǎoshí jiù néng dào.

山　本：你家的　环境　一定　很　好。
　　　　Nǐ jiā de huánjìng yídìng hěn hǎo.

方云天：当然　了。我家　前边　有　条　河，后边　有　座
　　　　Dāngrán le. Wǒ jiā qiánbian yǒu tiáo hé, hòubian yǒu zuò
　　　　山；左边　是　果园，　右边　是　菜地。
　　　　shān; zuǒbian shì guǒyuán, yòubian shì càidì.

大　内：有　山　有　水，真　是　个　好　地方！
　　　　Yǒu shān yǒu shuǐ, zhēn shì ge hǎo dìfang!

方云天：后天　下午　两　点，我　带　你们　去　我家。
　　　　Hòutiān xiàwǔ liǎng diǎn, wǒ dài nǐmen qù wǒ jiā.

山　本：太　好　了。
　　　　Tài hǎo le.

大　内：我们　坐　公共　汽车　去　吗？
　　　　Wǒmen zuò gōnggòng qìchē qù ma?

方云天：坐 公共 汽车不太 方便，最好骑 自行车。
Zuò gōnggòng qìchē bú tài fāngbiàn, zuì hǎo qí zìxíngchē.

大 内：我不会骑车。
Wǒ bú huì qí chē.

山 本：没 关系，我 带着 你。
Méi guānxi, wǒ dàizhe nǐ.

大 内：骑车 带人，行 吗？
Qí chē dài rén, xíng ma?

山 本：行。不过，你得带 着 钱。
Xíng. Búguò, nǐ děi dài zhe qián.

大 内：为 什么？
Wèi shénme?

山 本：要是 警察 看 见 了，你得 交 罚款。
Yàoshi jǐngchá kàn jiàn le, nǐ děi jiāo fákuǎn.

② 生 词
New Words

1. 带	(动)	dài	to bring, to take
2. 听说		tīng shuō	to hear of, to be told
3. 郊	(名)	jiāo	suburbs, outskirts
4. 郊区	(名)	jiāoqū	suburban district, outskirts
5. 离	(介、动)	lí	away from; to leave, to part from
6. 骑	(动)	qí	to ride
7. 车	(名)	chē	vehicle
8. 自行车	(名)	zìxíngchē	bike
9. 半	(数)	bàn	half
10. 环境	(名)	huánjìng	circumstances, environment, surroundings
11. 当然	(副、形)	dāngrán	certainly, surely; natural
12. 前(边)	(名)	qián(bian)	front(side)
13. 条	(量)	tiáo	(a measure word)
14. 河	(名)	hé	river
15. 后(边)	(名)	hòu(bian)	back(side)
16. 座	(量)	zuò	(a measure word)
17. 山	(名)	shān	mountain
18. 左(边)	(名)	zuǒ(bian)	left(side)
19. 果园	(名)	guǒyuán	orchard
20. 右(边)	(名)	yòu(bian)	right(side)
21. 菜	(名)	cài	vegetable

22.	地	（名）	dì	fields, soil, land
23.	水	（名）	shuǐ	water
24.	地方	（名）	dìfang	place, space
25.	公共	（形）	gōnggòng	public, common
26.	汽车	（名）	qìchē	automobile, motor vehicle, car
27.	着	（助）	zhe	(a structural particle)
28.	不过	（连）	búguò	but, however, nevertheless
29.	警察	（名）	jǐngchá	police
30.	罚	（动）	fá	to fine, to punish
31.	款	（名）	kuǎn	money
32.	一些	（数）	yìxiē	some, several
33.	钱包	（名）	qiánbāo	wallet, purse
34.	墙	（名）	qiáng	wall
35.	录音机	（名）	lùyīnjī	tape recorder
36.	旁(边)	（名）	páng(biān)	side
37.	街	（名）	jiē	street
38.	剧场	（名）	jùchǎng	theater
39.	外(边)	（名）	wài(bian)	outside
40.	下(边)	（名）	xià(bian)	under, below, underneath
41.	才	（副）	cái	just, only
42.	不错	（形）	búcuò	not bad, pretty good
43.	出租	（动）	chūzū	to rent

③ 练 习
Exercises

1. 语音　Pronunciation

   (1) 辨音辨调　Distinguish sounds and tones

jiāoqū（郊区）	huánjìng（环境）
jiāoqī（娇妻）	huángjīn（黄金）
guǒyuán（果园）	gōnggòng（公共）
gōngyuán（公园）	gōngjìng（恭敬）
qìchē（汽车）	càidì（菜地）
qí chē（骑车）	cǎodì（草地）
jǐngchá（警察）	fákuǎn（罚款）
jiǎnchá（检查）	fǎguān（法官）
jīchǎng（机场）	
jùchǎng（剧场）	

   (2) 双音节声调　Tones of disyllables

   zàixiě：　Hànyǔ（汉语）　　Rìyǔ（日语）

   　　　　　lìshǐ（历史）　　kèběn（课本）

   　　　　　dàibiǎo（代表）　diànyǐng（电影）

   　　　　　bùjiǔ（不久）　　wǒ shǒu（握手）

   　　　　　yìqǐ（一起）　　　zìjǐ（自己）

   　　　　　tiào wǔ（跳舞）　zhèngfǔ（政府）

zàikàn： shìjiè（世界） zuòyè（作业）

zuìjìn（最近） zuìhòu（最后）

xiànzài（现在） xiàndài（现代）

zàijiàn（再见） duànliàn（锻炼）

yuànyì（愿意） diànhuà（电话）

jiàoshì（教室） sùshè（宿舍）

(3) 重音 Stress

1) 前边　　后边

左边　　右边

上边　　下边

里边　　外边

2) 山上　　家里

地上　　河里

床上　　公园里

书上　　果园里

书架上　　商店里

桌子上　　书店里

地图上　　宿舍里

汽车上　　教室里

(4) 语调 Sentence intonation

听说方老师身体不好，是吗？

你们下午没有课，是吗？

这个词的意思是"容易"，对吗？

你不喜欢坐公共汽车，对吗？

我们交换辅导，行吗？

你帮帮我，行吗？

我们骑自行车去，好吗？

我们明天去公园，好吗？

我用一下你的自行车，可以吗？

我坐在这儿，可以吗？

2. 词语　Words and phrases

(1) 朗读短语　Read the phrases aloud

会汉语　　　　　会说汉语

会日语　　　　　会说日语

会英语　　　　　会说英语

会法语　　　　　会说法语

会德语　　　　　会说德语

会俄语　　　　　会说俄语

会西班牙语　　　会说西班牙语

会阿拉伯语　　　会说阿拉伯语

会意大利语　　　会说意大利语

图书馆前边　　　图书馆的前边

宿舍楼后边　　　宿舍楼的后边

山本正左边　　　山本正的左边

金汉成右边　　　金汉成的右边

书架上边　　　　书架的上边

桌子下边　　　　桌子的下边

商店里边　　　　商店的里边

书店外边　　　　书店的外边

太好了	当然有了	最喜欢他了
太快了	当然去了	最喜欢白老师了
太大了	当然是了	最喜欢看书了
太多了	当然看了	最喜欢去图书馆了
太遗憾了	当然准备了	最有用了
太漂亮了	当然复习了	最有意思了
太高兴了	当然打扫了	最便宜了
太干净了	当然收拾了	最好看了

(2) 用下列生词至少组成两个短语　Make at least two phrases with each of the following words

　　1) 郊区　　2) 离　　3) 骑　　4) 自行车

　　5) 环境　　6) 一些　　7) 汽车　　8) 不错

　　9) 菜　　10) 山　　11) 河　　12) 墙

　　13) 罚　　14) 钱包　　15) 剧场　　16) 街

(3) 用"不过"完成句子　Complete the sentences with "不过"

　　1) 大内说得不错，＿＿＿＿＿＿＿＿＿＿＿＿＿＿＿。(r 的发音)

　　2) 我喜欢唱歌，＿＿＿＿＿＿＿＿＿＿＿＿＿＿＿。（唱得）

　　3) 坐公共汽车很便宜，＿＿＿＿＿＿＿＿＿＿＿＿＿。（人）

　　4) 骑自行车很方便，＿＿＿＿＿＿＿＿＿＿＿＿＿＿。（累）

　　5) 这儿的学习环境很好，＿＿＿＿＿＿＿＿＿＿＿＿。（热）

　　6) 今天的作业很多，＿＿＿＿＿＿＿＿＿＿＿＿＿＿。（容易）

(4) 用"当然了"完成对话　Complete the dialogues with "当然了"

　　1) A：这儿的学习环境很好。

　　　 B：＿＿＿＿＿＿＿＿＿＿＿＿＿＿＿＿＿。（中国学生）

2) A：到北京以后就给我写信。

　　B：_____。（一定）

3) A：你明天一定来啊！

　　B：_____。（八点）

4) A：汉语发音很难吧？

　　B：_____。（特别）

5) A：你的房间很凉快吧？

　　B：_____。（空调）

6) A：骑车带人警察罚款吧？

　　B：_____。（要是）

3. 句型　Sentence patterns

(1) 替换　Substitution

1) 桌子上有什么？
　 桌子上有一本词典。

词典上	一本书
书上	一个本子
本子上	一支钢笔
书架上	很多书和词典
床上	一些衣服
桌子里	一个钱包
钱包里	很多钱
公园里	很多花儿

2) 桌子上有书吗？
　 桌子上没有书。

书架上	词典
床上	衣服
墙上	画儿
桌子上	录音机
钱包里	钱
房间里	人
教室里	学生
办公室里	老师

3) 你左边是谁？
   我左边是艾米。

右边	大内
前边	彼得
后边	山本
旁边	艾米和大内
艾米后边	贝拉
贝拉右边	山本
山本右边	金汉成
金汉成前边	大内

4) 你家前边有什么？
   我家前边有一条河。

你家后边	一个小山
你家左边	一个果园
你家右边	一个菜地
你们学校前边	一条大街
你们学校后边	一个公园
你们学校左边	商店和书店
你们学校右边	一个剧场
剧场旁边	一个电影院

5) 你家前边是什么？
   我家前边是一条河。

你家后边	一个小山
你家左边	一个果园
你家右边	一个菜地
你们学校前边	一条大街
你们学校后边	一个公园
你们学校左边	商店和书店
你们学校右边	一个剧场
剧场旁边	一个电影院

6) 你家在哪儿?
   我家在郊区。

小王家	学校外边
小李家	那个楼前边
小张家	那个楼三层
小马家	小张家下边
食堂	宿舍楼后边
教学楼	办公楼前边
办公楼	图书馆旁边
图书馆	教学楼旁边

(2) 连线 Match the sentences in the following two columns that have the same meaning

桌子上有一本词典。   剧场在商店旁边。

书架上有一个录音机。   河在我家前边。

我家前边有一条河。   词典在桌子上。

商店旁边有一个剧场。   录音机在书架上。

钱包里没有钱。   老师没在办公室。

办公室里没有老师。   我在金汉成右边。

我左边是金汉成。   我在方云天前边。

我后边是方云天。   钱没在钱包里。

4. 模仿 Imitate

(1) A：听说你爸爸身体不好，我们想去看看他。

   B：谢谢，欢迎你们去我家玩儿。

   A：听说白老师身体不好，我想去看看她。

   B：好，我跟你一起去。

A：听说_____身体不好，_____想去看看_____。

  B：_____。

(2) A：你看我们什么时候去？

  B：<u>今天、明天很忙</u>，没时间。<u>后天下午去，怎么样</u>？

  A：<u>可以</u>。

  A：你看我们什么时候去？

  B：<u>上午很忙</u>，没时间。下午去，好吗？

  A：<u>好</u>。

  A：你看我们什么时候去？

  B：_____，没时间。_____，_____？

  A：_____。

(3) A：你家离这儿远吗？

  B：不太远，<u>骑自行车半小时就能到</u>。

  A：你家离这儿远吗？

  B：不太远，<u>坐公共汽车一小时就能到</u>。

  A：你家离这儿远吗？

  B：不太远，_____就能到。

(4) A：你家离这儿远吗？

B：比较远，骑自行车得一个半小时才能到。

A：你家离这儿远吗？

B：比较远，坐公共汽车得两个小时才能到。

A：你家离这儿远吗？

B：比较远，_____才能到。

(5) A：你家的环境一定很好。

B：当然了。我家前边有条河，后边有座山；左边是果园，右边是菜地。

A：你们学校的环境一定不错。

B：当然了。我们学校前边是大街，后边是公园；左边有商店和书店，右边有剧场和电影院。

A：_____的环境一定_____。

B：当然了。_____。

(6) A：后天下午两点，我带你们去我家。

B：太好了。

A：今天下午一点，我带你去白老师家。
  B：太好了。

  A：_____，我带_____去_____。
  B：太好了。

(7) A：我们是坐公共汽车去吗？
  B：坐公共汽车不太方便，最好骑自行车去。

  A：我们是骑自行车去吗？
  B：骑自行车不太方便，最好坐出租汽车去。

  A：我们是_____去吗？
  B：_____不太方便，最好_____。

(8) A：你家在哪儿？
  B：我家在那个楼的前边。

  A：食堂在哪儿？
  B：食堂在宿舍楼后边。

  A：_____在哪儿？
  B：_____在_____前边。

(9) A：你家后边是什么？
　　B：我家后边是山。

　　A：食堂的前边是什么？
　　B：食堂的前边是宿舍楼。

　　A：＿＿＿＿＿＿＿＿＿＿＿是什么？
　　B：＿＿＿＿＿＿＿＿＿是＿＿＿＿＿＿＿＿＿。

(10) A：你的左边是谁？
　　 B：我的左边是大内上子。

　　 A：山本正右边是谁？
　　 B：山本正右边是彼得。

　　 A：＿＿＿＿＿＿＿＿＿＿＿是谁？
　　 B：＿＿＿＿＿＿＿＿是＿＿＿＿＿＿＿＿＿。

(11) A：你住在学校里边吗？
　　 B：我住在学校里边。

　　 A：你住在学校里边吗？
　　 B：不，我住在学校外边。

A：你住在学校里边吗？
　　　B：_____。

(12) A：桌子上有什么？
　　　B：桌子上有一本词典。

　　　A：书架上有什么？
　　　B：书架上有很多书。

　　　A：_____有什么？
　　　B：_____有_____。

(13) A：桌子上有书吗？
　　　B：桌子上没有书。

　　　A：房间里有人吗？
　　　B：房间里没有人。

　　　A：_____有_____吗？
　　　B：_____没有_____。

(14) A：方老师在家吗？
　　　B：不在。
　　　A：他现在在哪儿？
　　　B：在一个朋友家里。

A：<u>贝拉</u>在<u>宿舍</u>吗？

B：不在。

A：她在哪儿？

B：<u>在图书馆</u>。

A：＿＿＿＿＿＿＿＿在＿＿＿＿＿＿＿＿吗？

B：不在。

A：＿＿＿＿＿＿＿＿在哪儿？

B：＿＿＿＿＿＿＿＿＿＿＿＿。

(15) A：你们在一个<u>班</u>学习吗？

B：不，我是<u>一班</u>，他是<u>二班</u>。

A：你们在一个<u>学院</u>学习吗？

B：不，我是<u>速成学院</u>，他是<u>外语学院</u>。

A：你们在一个＿＿＿＿＿＿＿＿吗？

B：不，我是＿＿＿＿＿＿＿＿，他是＿＿＿＿＿＿＿＿＿＿。

5. 会话 Conversation

(1) 完成会话 Complete the conversations

1)（白老师身体不好，没来上课，山本正和大内上子想去看她。

　　Teacher Bai is not well, and does not give the lesson. Yamamoto Masa and Ōuchi Kamiko want to go to see her.）

山　本：听说白老师_____，我想去
　　　　_____。

大　内：_____。

山　本：你看我们什么时候去？

大　内：_____很忙，没时间。
　　　　_____怎么样？

山　本：可以。她家住哪儿？

大　内：_____。

山　本：离这儿远吗？

大　内：比较远，_____才能到。

2)（贝拉身体不好，丁兰和大内想去看她。 Berra is not well. Ding Lan and Ōuchi want to go to see her.）

丁　兰：听说贝拉_____，我们去
　　　　_____，好吗？

大　内：_____。

丁　兰：你看我们什么时候去？

大　内：_____怎么样？

丁　兰：行。她住几楼？你知道吗？

大　内：_____。

丁　兰：几层？

大　内：_____。

丁　兰：多少号？

大　内：_____。

3)（山本正和大内上子从方老师家回来，跟彼得谈方老师家的环境。 Yamamoto Masa and Ōuchi kamiko come back from Teacher Fang's house, and speak to Peter about Teacher Fang's surroundings.）

山　本：彼得，你知道吗？方老师家的环境特别好。

彼　得：是吗？

山　本：他家前边 ＿＿＿＿＿＿＿＿＿＿＿＿＿＿，后边 ＿＿＿＿＿＿＿＿＿＿，左边＿＿＿＿＿＿＿＿＿＿，右边 ＿＿＿＿＿＿＿＿＿＿。

大　内：有＿＿＿有＿＿＿，真＿＿＿＿＿＿＿＿！

彼　得：你们是什么时候去的？

大　内：＿＿＿＿＿＿＿＿＿＿＿＿＿＿＿＿。

彼　得：是坐公共汽车去的吗？

山　本：不是，我们＿＿＿＿＿＿＿＿＿＿。

彼　得：他家远吗？

山　本：不太远，＿＿＿＿＿＿＿＿＿＿＿＿＿＿。

（2）按照下列情景用本课句型谈话　Have a talk on the following topics with the patterns in the text

1) 你的老师病了，你和你的同学商量（shāngliáng，discuss）去看他。

2) 你的同学病了，你和你的朋友商量去看他。

3) 谈谈学校的环境。

4) 谈谈宿舍楼的环境。

6. 阅读　Reading

方老师的家在郊区

方老师的家在郊区。

他家的环境不错。前边是河，后边是山；左边是果园，右边是菜地。那儿有山有水，真是个好地方！

听说方老师身体不好，班里同学都很着急。他们想去看看方老师。

方老师家离学校不远，骑自行车不到半小时。可是，大内不会骑车，坐公共汽车又不太方便。怎么办呢？山本说："我们最好是坐出租车去。"大内说："坐出租车可以。不过，谁付钱？""不会骑车的那位小姐呀。"

　　（1）回答问题　Answer the questions

　　　1）方老师家在哪儿？

　　　2）他家的环境怎么样？

　　　3）同学们为什么很着急？

　　　4）方老师家离学校远不远？

　　　5）他们为什么不骑自行车去？

　　　6）坐出租车谁付钱？

　　（2）朗读课文 Read the text aloud

7. 汉字　Chinese characters

　（1）写出带"王"的汉字　Write some characters with the radical of "王"

　（2）写出带"宀"的汉字　Write some characters with the radical of "宀"

(3) 给下列汉字注音并组词或短语　Write the *Pinyin* of the following characters and make phrases with them

1) 车　　2) 白
　 东　　 　自
3) 租　　4) 过
　 姐　　 　还

④ 语法
Grammar

1. 方位表达法　The way to express location

表示方向相对位置的词叫方位词。方位词分为单纯方位词和合成方位词两小类。

A word which indicates a location is known as a locative word. Locative words can be classified into two kinds, simple locative words and compound locative words.

单纯方位词包括"前、后、左、右、上、下、里、外"等。单纯方位词多附着在名词后边，很少单用，如："山前、山后"。

The simple locative words include 前, 后, 左, 右, 上, 下, 里, 外 and so on. They usually follow nouns, such as 山前 and 山后 and are seldom used independently.

合成方位词指"前、后、左、右、上、下、里、外"等加上词尾"边"等构成的"前边、后边、左边、右边、上边、下边、里边、外边"等。合成方位词大都是自由的，可以单用。

A compound locative word is composed by adding the word 边 after a simple locative word, such as 前边, 后边, 左边, 右边, 上边, 下边, 里边, 外边. Most of the compound locative words can be used independently and freely.

注意：(1)地理名词后边不能再加方位词"里"或"里边"。如："他在北京学习"→*"他在北京里（边）学习"。(2)单纯方位词跟名词搭配使用时，不用结构助词"的"联系，如*"后的山"*"山的后"。

Points for attention: (1) A geographical noun can not be followed by the locative words, 里 or 里边, such as 他在北京学习→*他在北京里（边）学习. (2) When a simple locative word is used with a noun, the structural particle 的 can not be used in between, such as *后的山 or *山的后.

2. 存在句（1） Sentence of existence (1)

表示事物（广义的）存在的句子叫存在句。存在句有多种，这里介绍的是核心动词为"有、是、在"的存在句。这种存在句，主要的有两类。

A sentence which indicates the existence of things (in broad sense) is known as a sentence of existence. Such sentences have several kinds. The kind talked about here is the sentence of existence with the main verb 有, 是 or 在, and this sentence of existence has two kinds.

第一类，方位或处所成为话题，说明某个方位或处所存在什么事物时，采用下列句式：

The first kind, when a location or a place is the topic, which indicates that there is some thing at a place or a location, the following pattern is used:

主语 zhǔyǔ	谓语 wèiyǔ		附加成分 fùjiā chéngfen
	述语 shùyǔ	宾语 bīnyǔ	
方位或处所词语	有/是	事物名词或名词短语	
桌子里	有	书	吗
我家的前边	是	河	
书架上	有	一本词典	
宿舍楼后边	是	个食堂	

第二类，事物成为话题，说明某种或某些事物存在于某个方位或处所时，采用下列句式：

The second kind, when things become the topics, which indicate certain things exist at a location or a place, the following pattern is used:

主语 zhǔyǔ	谓语 wèiyǔ		附加成分 fùjiā chéngfen
	述语 shùyǔ	宾语 bīnyǔ	
事物名词或名词短语	在/是	方位或处所词语	
方老师	在	家	吗
我	是	一班	
他	是	二班	
他	在	那个楼里	

3. 语气助词"了"　　The modal particle 了

语气助词"了"常跟副词"太、最、当然"等搭配使用,表示肯定的语气。如:

The modal particle 了 is often used with the adverbs 太,最,当然 and so on, to indicate the affirmative tone, e.g.

1) 太遗憾了!

2) 我最喜欢他了!

3) 当然有了!

⑤ 汉 字 表

Table of the stroke order of Chinese characters

汉字 Hànzì	结构与笔顺 jiégòu yǔ bǐshùn			繁体 fántǐ
带	卅　一 十 卅 卅			帶
	冖			
	巾			
郊	交	六		
		乂		
	阝			
区	匚			區
	乂			
离	亠			離
	凶	乂		
		凵		
	内	丨 冂 内 内		
骑	马			騎
	奇			

车	一	匕	匕	车		車
自						
半	丶	⺍	䒑	半		
环	王					環
	不					
境	土					
	竟	立				
		日				
		儿				
然	然	夕	ノ	ク	タ	夕
		犬	一	ナ	大	犬
河	氵					
	可					
左	ナ					
	工					
右	ナ					
	口					
菜	艹					
	采	爫				
		木				
汽	氵					
	气					
过	寸					過
	辶					
警	敬	苟	艹			
			句			
		攵				
	言					

第18课

察	宀						
	祭	夕					
		㇏	一	㇏			
	示						
罚	四						罰
	讠	讠					
款	士	士					
		示					
	欠						
些	此	止	丨	卜	卝	止	
		匕					
	二						
包							
墙	土						牆
	啬	並	一	十	卄	中	並
		回					
机	木						機
	几						
旁	产	亠					
		㇀					
	方						
街	彳						
	圭						
	亍						
剧	居	尸					劇
		古					
	刂						

场	土			場/塲
	昜	弓	丂 昜	
条	夂			條
	木			
租	禾			
	且			
座	广			
	坐			

第 19 课
Lesson 19

① 课 文
Text

我们一起照张相

（星期六下午，山本、大内来到方老师家。 On Saturday afternoon, Yamamoto and Ôuchi come to Teacher Fang's house.）

山 本：您 好！
　　　　Nín hǎo!

大 内：您 好！
　　　　Nín hǎo!

方 龙：你们 好，快 请 进。
　　　　Nǐmen hǎo, kuài qǐng jìn.

大 内：听说 您 身体 不 舒服，我们 来 看看 您。
　　　　Tīngshuō nín shēntǐ bù shūfu, wǒmen lái kànkan nín.

山 本：您 觉得 好 点儿 了 吗？
　　　　Nín juéde hǎo diǎnr le ma?

方云天：我 爸爸 从 前天 开始 就 咳嗽，发 烧。
　　　　Wǒ bàba cóng qiántiān kāishǐ jiù késou, fā shāo.

方 龙：这 几 天 一边 吃 药，一边 休息，现在 体温
　　　　Zhè jǐ tiān yìbiān chī yào, yìbiān xiūxi, xiànzài tǐwēn
　　　　正常 了。
　　　　zhèngcháng le.

山 本：祝 您 早日 恢复 健康。
　　　　Zhù nín zǎorì huīfù jiànkāng.

方　龙：谢谢。
　　　　Xièxie.

方云天：请　你们　尝尝　中国　的　乌龙茶。
　　　　Qǐng nǐmen chángchang Zhōngguó de wūlóngchá.

（方奶奶从里屋走出来。 Grandma Fang is coming out from the inner room.）

方　龙：我来　介绍介绍。这　是　我　母亲。
　　　　Wǒ lái jièshaojièshào. Zhè shì wǒ mǔqīn.

方云天：奶奶，他们　是　我　爸爸　的　学生。
　　　　Nǎinai, tāmen shì wǒ bàba de xuésheng.

大　内：方　老师，我们　也　叫　奶奶，行　不　行？
　　　　Fāng lǎoshī, wǒmen yě jiào nǎinai, xíng bu xíng?

方　龙：可以。
　　　　Kěyǐ.

山　本：方　奶奶　好！
　　　　Fāng nǎinai hǎo!

大　内：奶奶　好！
　　　　Nǎinai hǎo!

方奶奶：你们　好！请　坐，请　坐！哟，这　姑娘　真
　　　　Nǐmen hǎo! Qǐng zuò, qǐng zuò! Yō, zhè gūniang zhēn

　　　　漂亮！今年　多　大　啦？
　　　　piàoliang! Jīnnián duō dà la?

方云天：奶奶，女　孩子　不　喜欢　别人　问　年龄。
　　　　Nǎinai, nǚ háizi bù xǐhuan biéren wèn niánlíng.

大　内：没　关系，老人　可以　问。奶奶，我　今年　１９岁。
　　　　Méi guānxi, lǎorén kěyǐ wèn. Nǎinai, wǒ jīnnián shí jiǔ suì.

方奶奶：真　年轻！家里没　什么　好　吃　的。来，吃　点儿
　　　　Zhēn niánqīng! Jiā li méi shénme hǎo chī de. Lái, chī diǎnr

　　　　水果。
　　　　shuǐguǒ.

山　本：奶奶，您　别　忙　啦，我们　自己　来。
　　　　Nǎinai, nín bié máng la, wǒmen zìjǐ lái.

大　内：方　老师，我们　一起　照　张　相，好不好？
　　　　Fāng lǎoshī, wǒmen yìqǐ zhào zhāng xiàng, hǎo bu hǎo?

方　龙：好　的。
　　　　Hǎo de.

山　本：请　奶奶、老师　坐　在　中间。请　坐　好，笑一
　　　　Qǐng nǎinai、lǎoshī zuò zài zhōngjiān. Qǐng zuò hǎo, xiào yi

　　　　笑，好！
　　　　xiào, hǎo!

② 生词
New Words

1. 照　　（动）　zhào　　　　to take (a picture); to look in (the mirror)
2. 相　　（名）　xiàng　　　　photograph
3. 舒服　（形）　shūfu　　　　comfortable, to be well
4. 从　　（介）　cóng　　　　from
5. 咳嗽　（动）　késou　　　　to cough
6. 发烧　　　　　fā shāo　　　to have a fever, to have a temperature
7. 药　　（名）　yào　　　　　medicine, drug
8. 温度　（名）　wēndù　　　　temperature
9. 体温　（名）　tǐwēn　　　　(body) temperature
10. 正常　（形）　zhèngcháng　normal, regular
11. 早　　（形）　zǎo　　　　　early
12. 日　　（名）　rì　　　　　day, daytime, sun
13. 恢复　（动）　huīfù　　　　to recover, to resume, to restore
14. 尝　　（动）　cháng　　　　to taste
15. 茶　　（名）　chá　　　　　tea
16. 乌龙茶（名）　wūlóngchá　　oolong (tea)
17. 母亲　（名）　mǔqīn　　　　mother
18. 哟　　（叹）　yō　　　　　(an exclamation)
19. 姑娘　（名）　gūniang　　　girl
20. 今年　（名）　jīnnián　　　this year
21. 孩子　（名）　háizi　　　　child, children
22. 别人　（代）　biéren　　　 others, other people, people

23.	年龄	（名）	niánlíng	age
24.	岁	（量）	suì	year (of age)
25.	自己	（代）	zìjǐ	oneself
26.	中间	（名）	zhōngjiān	between, center, middle
27.	笑	（动）	xiào	to smile, to laugh
28.	画	（动）	huà	to paint, to draw
29.	头	（名）	tóu	head
30.	疼	（形）	téng	pain, ache, sore
31.	嗓子	（名）	sǎngzi	throat
32.	肚子	（名）	dùzi	belly, abdomen
33.	鼻子	（名）	bízi	nose
34.	通	（动、形）	tōng	to open, to lead to, to tell, to know; open, through
35.	修	（动）	xiū	to repair, to fix
36.	修理	（动）	xiūlǐ	to repair, to fix
37.	病	（动、名）	bìng	to be ill; illness, disease
38.	打	（动）	dǎ	to strike, to knock, to break, to play (basketball)
39.	打针		dǎ zhēn	to have an injection
40.	随便	（副）	suíbiàn	do as one pleases
41.	饮料	（名）	yǐnliào	drink, beverage
42.	西瓜	（名）	xīguā	watermelon
43.	到处	（副）	dàochù	everywhere, at all places

③ 练 习
Exercises

1. 语音　Pronunciation

   (1) 辨音辨调　Distinguish sounds and tones

   zhào xiàng（照相）　　　　　　　　késou（咳嗽）

   zhìxiàng（志向）　　　　　　　　　gēsòng（歌颂）

   fā shāo（发烧）　　　　　　　　　 tǐwēn（体温）

   fàng shào（放哨）　　　　　　　　 tiānwén（天文）

   zhèngcháng（正常）　　　　　　　　píngrì（平日）

   zhàocháng（照常）　　　　　　　　 píngshí（平时）

   huīfù（恢复）　　　　　　　　　　 gūniang（姑娘）

   huífù（回复）　　　　　　　　　　 gūliàng（估量）

   zhōngjiān（中间）

   kōngjiān（空间）

   (2) 双音节声调　Tones of disyllables

   tīngde： māma（妈妈）　　　　　　gēge（哥哥）

   　　　　 shūfu（舒服）　　　　　　qīngchu（清楚）

   　　　　 xiūxi（休息）　　　　　　xiāoxi（消息）

   　　　　 chuānghu（窗户）　　　　 xiānsheng（先生）

   　　　　 zhīshi（知识）　　　　　 shōushi（收拾）

   　　　　 gūniang（姑娘）　　　　　zhīdao（知道）

   　　　　 zhuōzi（桌子）　　　　　 shēngri（生日）

dúde： míngzi（名字） háizi（孩子）

piányi（便宜） róngyi（容易）

péngyou（朋友） shíhou（时候）

juéde（觉得） shénme（什么）

liángkuai（凉快） xuésheng（学生）

(3) 重音　Stress

1) 看看　　　　　　看一看

想想　　　　　　想一想

猜猜　　　　　　猜一猜

念念　　　　　　念一念

做做　　　　　　做一做

尝尝　　　　　　尝一尝

问问　　　　　　问一问

听听　　　　　　听一听

笑笑　　　　　　笑一笑

找找　　　　　　找一找

2) 介绍介绍　　　　辅导辅导

帮助帮助　　　　准备准备

打扫打扫　　　　收拾收拾

研究研究　　　　学习学习

预习预习　　　　复习复习

考虑考虑　　　　修理修理

(4) 语调　Sentence intonation

我们一起照张相，好不好？

我们骑自行车去，好不好？

你帮我买支蜡烛，行不行？

你帮我买本词典，行不行？

你对照相没兴趣，是不是？

你最近身体不太好，是不是？

你昨天没去上课，对不对？

你没复习课文，对不对？

2. 词语　Words and phrases

(1) 朗读短语　Read the phrases aloud

照	照
照相	照相
照张相	照一张相
一起照张相	给我照一张相
我们一起照张相	请你给我照一张相

恢复	尝
恢复健康	尝尝
早日恢复健康	尝尝乌龙茶
祝您早日恢复健康	尝尝中国的乌龙茶
我们祝您早日恢复健康	请你们尝尝中国的乌龙茶

(2) 用下列生词至少组成两个短语　Make at least two phrases with each of the following words

1) 体温　　2) 正常　　3) 姑娘　　4) 别人

5) 打　　　6) 自己　　7) 年龄　　8) 疼

9）画　　10）饮料　　11）舒服　　12）修

(3) 用"到处"改写句子　Rewrite the sentences with"到处"

1）这个学校不大，可是每个地方都干干净净。

2）上海人太多，坐车住房都不方便。

3）商店里人太多，买东西很不方便。

4）他的手表不见了，每个地方都找了，也没找到。

5）这种花儿公园里每个地方都有。

6）每个地方都有修自行车的。

(4) 用"随便"改写句子　Rewrite the sentences with"随便"

1）你们吃什么都可以。

2）你们喝什么都可以。

3）你们喜欢坐哪儿就坐哪儿。

4）现在是上课，不能想说什么就说什么。

5）A：你喝什么？

　　B：喝什么都行。

6）A：你用哪支笔？

　　B：用哪支都行。

3. 句型　Sentence patterns

(1) 替换　Substitution

1）你对照相没兴趣，是不是？
　　对，我不喜欢照相。

| 旅行 |
| 经商 |
| 学习 |
| 唱歌 |
| 当老师 |
| 画画儿 |
| 看电影 |
| 看电视 |

2) 你是不是对<u>照相</u>没兴趣?
不是,我很喜欢<u>照相</u>。

| 旅行 |
| 经商 |
| 学习 |
| 唱歌 |
| 当老师 |
| 画画儿 |
| 看电影 |
| 看电视 |

3) 你是不是觉得<u>很冷</u>?
是,我是觉得<u>很冷</u>。

| 发烧 |
| 太热 |
| 不舒服 |
| 不好吃 |
| 不好看 |
| 不干净 |
| 很遗憾 |
| 没有意思 |

4) 您觉得哪儿不舒服?
<u>头疼</u>。

| 咳嗽 |
| 嗓子疼 |
| 肚子疼 |
| 鼻子不通 |

5) 你帮我<u>修修自行车</u>，行不行？
没问题。

修修	手表
修理一下	录音机
洗洗	水果
洗洗	衣服
打扫打扫	房间
打扫打扫	教室
收拾收拾	东西
收拾收拾	桌子

(2) 选择恰当的动词，<u>重叠后填空</u>　Choose the proper verb, then fill in the blank with its reduplication form

问、猜、尝、用、玩儿、聊天儿、考虑、复习、准备、休息、了解、介绍

1) 我太累了，我想_____。

2) 请你给我_____。

3) 这个问题很难，我去_____老师。

4) 这个问题很难，我得_____才能回答。

5) 我_____你的钢笔，可以吗？

6) 你_____他多大年纪。

7) 咱们_____语法吧。

8) 我想_____这个学校的历史。

9) 明天咱们去公园_____，好不好？

10) 明天去旅行，今天我们_____。

11) 请你_____这个菜。

12) 你什么时候有空儿，咱们_____。

4. 模仿 Imitate

(1) A：听说您身体不好，我们来看您。
    B：谢谢，快请坐。

   A：听说你病了，我来看看你。
   B：来，坐吧。

   A：听说_____，_____来看看_____。
   B：_____。

(2) A：您觉得好点儿了吗？
    B：好多了。

   A：你觉得哪儿不舒服？
   B：发烧，咳嗽。

   A：您觉得_____
   B：_____。

(3) A：您从什么时候开始不舒服？
    B：从前天开始就咳嗽，鼻子不通。

   A：你从什么时候开始不舒服？
   B：从昨天开始头疼，发烧。

A：_____从什么时候开始不舒服？

  B：从_____。

(4) A：现在<u>好点儿</u>了吗？

  B：<u>这几天一边吃药，一边休息，现在体温正常了</u>。

  A：现在好<u>一些</u>了吗？

  B：<u>这两天一边吃药，一边打针，现在不发烧了</u>。

  A：现在好_____了吗？

  B：_____。

(5) A：祝您<u>早日恢复康复</u>！

  B：谢谢！

  A：祝您<u>早日康复</u>！

  B：谢谢！

  A：祝您_____！

  B：谢谢！

(6) A：请坐，喝点儿什么？

  B：<u>随便</u>。

  A：<u>尝尝中国的乌龙茶吧</u>。

B：<u>请坐，喝点儿什么</u>？

  A：<u>什么都行</u>。

  B：<u>喝点儿饮料吧</u>。

  A：请坐，喝点儿什么？

  B：_____。

  A：_____吧。

(7) A：<u>方老师</u>，我们也叫<u>她奶奶</u>，行不行？

  B：可以。

  A：<u>白老师</u>，我们也叫<u>他老师</u>，行吗？

  B：可以。

  A：_____，我们也叫_____，行不行？

  B：可以。

(8) A：<u>方老师</u>，我们叫<u>她</u>什么？

  B：你们也叫<u>她奶奶</u>吧。

  A：<u>白老师</u>，我们叫<u>他</u>什么？

  B：你们也叫<u>他老师</u>吧。

A：_____，我们叫_____什么？

　　B：你们也叫_____吧。

(9) A：你今年多大啦？

　　B：我今年19岁。

　　A：您多大年纪？

　　B：我63岁。

　　A：你_____？

　　B：我_____岁。

(10) A：家里没什么好吃的，来，吃点儿水果。

　　B：您别忙啦，我们自己来。

　　A：家里没什么好吃的，来，吃点儿西瓜。

　　B：您别客气，我自己来。

　　A：家里没什么好吃的，来，吃点儿_____。

　　B：_____，_____自己来。

(11) A：方老师，我们一起照张相，好不好？

　　B：好的。

A：<u>王才</u>，<u>我们一起去公园</u>，好不好？
　　B：好的。

　　A：_____，_____，好不好？
　　B：好的。

(12) A：请<u>奶奶、老师</u>坐在<u>中间</u>。
　　 B：好。

　　 A：请<u>白老师</u>坐在<u>右边</u>。
　　 B：好。

　　 A：请_____坐在_____。
　　 B：好。

(13) A：你<u>对照相没兴趣</u>，是不是？（你是不是<u>对照相没兴趣</u>？）
　　 B：对，我不喜欢照相。

　　 A：你是不是<u>觉得很冷</u>？（你<u>觉得很冷</u>，是不是？）
　　 B：<u>是，我有点儿发烧</u>。

　　 A：你_____，是不是？（你是不是
　　　　_____？）
　　 B：_____。

（14）A：你帮我<u>打扫打扫房间</u>，行不行？

　　　B：<u>没问题</u>。

　　　A：你帮我<u>收拾收拾东西</u>，行不行？

　　　B：<u>当然可以</u>。

　　　A：你帮我_____，行不行？

　　　B：_____。

（15）A：我看看那<u>三本书</u>。

　　　B：<u>可以</u>。

　　　A：我看看那<u>两本地图册</u>。

　　　B：<u>给你</u>。

　　　A：我看看那_____。

　　　B：_____。

5. 会话　Conversation

（1）完成会话　Complete the conversations

1）（白老师病了，艾米带着水果来看她。Teacher Bai is sick, Amy takes some fruit and goes to see her.）

　　艾　米：白老师，听说_____，我来看看您。

　　白　华：谢谢，来，坐这儿。

　　艾　米：您觉得_____吗？

　　白　华：_____。

艾　米：您从什么时候_____？

白　华：_____。

艾　米：不知道您喜欢吃什么，我带来一些_____。

白　华：你来看看就_____了，买东西干什么？

艾　米：您好好休息，祝您_____！

白　华：谢谢。你喝点儿什么？

艾　米：有茶吗？

白　华：有。你尝尝_____。

2)（大内来到丁兰的家。　Ôuchi comes to Ding Lan's house.）

丁　兰：上子，我来_____，这是我奶奶。奶奶，这是我的好朋友，上子。

大　内：奶奶，您身体_____？

奶　奶：好，好！快坐吧。今年多大啦？

大　内：_____。

丁　兰：上子，你喝点什么？

大　内：什么都行。

丁　兰：喝点可口可乐吧。

奶　奶：姑娘，家里没_____，吃点儿_____吧。

大　内：您别_____，我们_____。丁兰，你爸爸、妈妈呢？

丁　兰：他们没在家，今天工作，不休息。

大　内：我们照_____，好不好？

丁　兰：好。

大　内：请＿＿＿＿＿＿＿＿＿＿坐在＿＿＿＿＿＿。

（2）按照下列情景用本课句型谈话　Have a talk on the following topics with the patterns in the text

1）你的老师病了，你看望（kànwàng, to visit）他。

2）你的同学病了，你看望他。

3）你在一个朋友家做客。

6. 阅读　Reading

我也属兔

方云天：请你们看看我们的家。

山　本：你家一共有几个房间？

方云天：一共三个房间，一个大房间，两个小房间。

山　本：你住哪个房间？

方云天：我住那个房间。右边是爸爸、妈妈的，左边的小房间是我奶奶住的。请看看我的房间。

山　本：呵，收拾得真漂亮！

大　内：房间不大，可是到处都干干净净，是你自己收拾的吗？

方云天：是我自己收拾的。

山　本：（对大内）请来一下儿。

大　内：什么事儿？

山　本：这儿也有一只小白兔。跟你的小白兔一样可爱。

大　内：（问方云天）你跟我一样，也喜欢小兔？

方云天：我也是兔年出生的，也属兔。

山　本：怪不得你们两个人一样可爱！

(1) 填空 Fill in the blanks

1) 方云天请山本正和大内上子_____。

2) 方云天家一共_____，一个_____，两个_____。

3) 爸爸、妈妈住在_____边的房间，奶奶住在_____边的房间。

4) 方云天的房间_____，可是到处都_____。

5) 方云天也有_____。

6) 方云天和大内上子都是_____，都属_____。

(2) 朗读课文 Read the text aloud

7. 汉字 Chinese characters

(1) 写出带"艹"的汉字 Write some characters with the radical of "艹"

(2) 写出带"⺮"的汉字 Write some characters with the radical of "⺮"

(3) 给下列汉字注音并组词或短语 Write the *Pinyin* of the following characters and make phrases with them

1) 已　　　　　　　2) 处
 　已　　　　　　　　外

3) 尝　　　　　　　4) 饭
 　常　　　　　　　　饮

④ 语法
Grammar

1. 正反疑问句（2） Affirmative-negative question（2）

在句首加上"是不是"或在句尾加上"是不是"等疑问形式所构成的疑问句也是正反疑问句。这种疑问句,说话人带有一定的倾向性,只是倾向性比是非疑问句（2）（"……,是吗/对吗/好吗/行吗/可以吗"）略弱些,比是非疑问句（1）（"……吗"）更弱。这种疑问句要求听话人对事实的真伪做出回答或要求听话人对说话人提出的建议表态。如:

A question with 是不是 placed at the beginning or the end of the sentence is also known as an affirmative-negative question. This question shows the tendency of the speaker, and this tendency is a little bit weaker than that in the yes-no question（2）（……,是吗/对吗/好吗/行吗/可以吗）, and much weaker than that in the yes-no question（1）（……吗）. This affirmative-negative question with 是不是 requires the listener to give an actual answer or to make known his position to the speaker's suggestion. e.g.

1) 是不是你不认识他呀?
2) 是不是你也跟我们一起去?
3) 你对照相没兴趣,是不是?
4) 你的身体不太好,对不对?
5) 你帮我买支蜡烛,行不行?
6) 我们明天去郊区玩儿,好不好?

2. 动词重叠(1) Verb reduplication (1)

动词重叠表示动作所需时量不定,多强调短时。强调短时的时候,有时兼含有动作轻微、简单不费力、轻松随便或尝试的意思。未然性动作动词,单双音节重叠形式不尽相同:单音节动词有 AA 与 A—A 两种,双音节动词多为 ABAB 式。如:

Verb reduplication indicates that the times of an action taking place is indefinite. It is used to stress a short and quick action, and implies that the action is light, simple, soft, informal or just a trial. The reduplication form of a monosyllabic verb of future action is AA and A—A. The reduplication form of a disyllabic verb of future action is ABAB. e.g.

AA	A—A	ABAB
看看	看一看	介绍介绍
笑笑	笑一笑	学习学习

注意:(1) 一般用于口语或文艺语体。(2) 限于自主动词,非自主动词不能重叠,如:*"是是"、*"有有"、*"喜欢喜欢"、*"觉得觉得"。(3) 动词述语所带的宾语必须是确指的。如:

Points for attention:(1) Verb reduplication is usually used in spoken language or in literary and art style. (2) It can only be used with a verb in dicating the action that can be controlled by the doer (self-controlled verb), otherwise it can not be used, such as *是是,*有有,*喜欢喜欢 and *觉得觉得. (3) The object of a reduplicated verb must be specified, e.g.

1)*我看看三本书。

2）我看看那三本书。

（4）动词述语后边不带补语。如：

The reduplicated verb can not be followed by a complement, e.g.

1)*想想一下。

2)*教室打扫打扫得很干净。

（5）不做定语。如：

It can not act as an attributive, e.g.

1)*买买的人很多。

2)*那是我住住的房间。

⑤注 释
Notes

"年纪"和"年龄"

"年纪"和"年龄"都指人生存的岁数。"年纪"用于询问时，对象多为岁数大的人，而且用于口语。"年龄"多用于书面语，还可用于动植物。

Both 年纪 and 年龄 indicate a person's age. 年纪, used in inquiring the age, generally indicates that the person asked about is old, and it is used in spoken language. 年龄 is often used in written language, and also with animals and plants.

⑥汉字表
Table of the stroke order of Chinese characters

汉字 Hànzì	结构与笔顺 jiégòu yǔ bǐshùn								繁体 fántǐ
照	昭	日							
		召							
	灬								
舒	舍	人							
		干							
		口							
	予								
从	丿								從
	人								
咳	口								
	亥								
嗽	口								
	欶	束							
		欠							
烧	火								燒
	尧	戈	一	弋	戈				
		兀							
药	艹								藥
	约	纟							
		勺							
温	氵								
	昷	日							
		皿	丨	冂	冂	皿	皿		
早	日								
	十								

恢	忄							
	灰	广						
		火						
尝	尚							嘗
	云							
茶	艹							
	人							
	木							
母								
亲								親
哟	口							喲
	约							
姑	女							
	古							
娘	女							
	良	丶	𠃍	ㅋ	ㅋ	自	自	良
孩	子							
	亥							
龄	齿	止						齡
		凶	人					
			凵					
	令							
岁	山							歲/歳/嵗
	夕							
己								
笑	竹							
	夭	一	二	千	夭			
头	丶	丶	丷	头	头			頭
疼	疒	丶	亠	广	疒			
	冬							

嗓	口						
	桑	叒	又				
			双	又			
				又			
	木						
肚	月						
	土						
鼻	自						
	畀	田					
		丌	一	丁	丌		
修	亻						
	攸	夂					
		彡					
病	疒						
	丙	一	厂	冂	丙	丙	
针	钅						針
	十						
随	阝						隨
	道	有					
		辶					
饮	饣						飲
	欠						
料	米						
	斗	丶	丷	斗	斗		
瓜	一	厂	爪	瓜	瓜		
处	夂	丿	勹	夂			處
	卜						
乌	丿	勹	乌	乌			烏

第20课
Lesson 20

① 课 文
Text

我现在就有时间

（一个星期五的下午，美国学生彼得骑自行车进城，路上遇见一位刚刚认识的中国朋友，他叫赵林。 On one Friday afternoon, the American student, Peter, goes into town riding a bike. On the way he meets with a Chinese friend called Zhao Lin, whom he have just known.）

赵　林：彼得，你 好。
　　　　Bǐdé, nǐ hǎo.

彼 得：是 赵 先生！最近 忙 吗？
　　　　Shì Zhào xiānsheng! Zuìjìn máng ma?

赵 林：很 忙。来 中国 以后，你 生活 习惯 吗？
　　　　Hěn máng. Lái Zhōngguó yǐhòu, nǐ shēnghuó xíguàn ma?

彼 得：还 行。我 很 喜欢 这个 城市，不过 还是
　　　　Hái xíng. Wǒ hěn xǐhuan zhè ge chéngshì, búguò háishi
　　　有点儿 不太 习惯。
　　　　yǒudiǎnr bú tài xíguàn.

赵 林：哪 方面 不 习惯？
　　　　Nǎ fāngmiàn bù xíguàn?

彼 得：人 多。到处 都 是 人，公共 汽车 上 也 很
　　　　Rén duō. Dàochù dōu shì rén, gōnggòng qìchē shang yě hěn
　　　挤。
　　　　jǐ.

赵 林：是啊，过节的时候，公共 汽车 上 更 挤。
Shì a, guò jié de shíhou, gōnggòng qìchē shang gèng jǐ.

彼 得：我 觉得 骑 自行车 很 方便，可以 到处
Wǒ juéde qí zìxíngchē hěn fāngbiàn, kěyǐ dàochù
逛逛。
guàngguang.

赵 林：你 现在 住 在 宾馆，还是 住 在 学校？
Nǐ xiànzài zhù zài bīnguǎn, háishi zhù zài xuéxiào?

彼 得：住 在 学校。
Zhù zài xuéxiào.

赵 林：你 自己 住 一 个 房间 吗？
Nǐ zìjǐ zhù yí ge fángjiān ma?

彼 得：不，我 跟 一 个 朋友 同居。
Bù, wǒ gēn yí ge péngyou tóngjū.

赵 林：你 跟 你的 女朋友 住 在一起？
Nǐ gēn nǐ de nǚpéngyou zhù zài yìqǐ?

彼 得：你别 误会，我是跟 一个日本男 同学 住在
　　　　Nǐ bié wùhuì, wǒ shì gēn yí ge Rìběn nán tóngxué zhù zài

　　　　一起。
　　　　yìqǐ.

赵 林：（笑）那 叫"同住" 或者"合住"，不 说"同居"。
　　　　　　 Nà jiào "tóngzhù" huòzhě "hézhù", bù shuō "tóngjū".

彼 得：是 吗？多 谢 你的 帮助。
　　　　Shì ma? Duō xiè nǐ de bāngzhù.

彼 得：赵 先生，你 家 住 哪儿？
　　　　Zhào xiānsheng, nǐ jiā zhù nǎr?

赵 林：住 在 市区。有 时间 来 我 家 玩儿。
　　　　Zhù zài shìqū. Yǒu shíjiān lái wǒ jiā wánr.

彼 得：太好了！我 现在 就有 时间。
　　　　Tài hǎo le! Wǒ xiànzài jiù yǒu shíjiān.

赵 林：(看看表)对 不起，我 现在 要 去 幼儿园 接 孩子。
　　　　　　　　Duì bu qǐ, wǒ xiànzài yào qù yòu'éryuán jiē háizi.

　　　　明天 是 星期六，你 明天 去，可以 吗？
　　　　Míngtiān shì xīngqīliù, nǐ míngtiān qù, kěyǐ ma?

彼 得：好 的。
　　　　Hǎo de.

赵 林：明天 下午 三 点，我 在家 等 你。
　　　　Míngtiān xiàwǔ sān diǎn, wǒ zài jiā děng nǐ.

彼 得：我 会 准时 到 的。
　　　　Wǒ huì zhǔnshí dào de.

赵 林：明天 见！
　　　　Míngtiān jiàn!

彼 得：明 天 见！

　　　Míngtiān jiàn！

（突然想起没问住址　It suddenly occorred to him that he had forgot to ask Zhao Lin's address.）

　　明 天 我 去 哪儿 找 他 呀？
　　Míngtiān wǒ qù nǎr zhǎo tā ya？

② 生 词
New Words

1. 生活	（名、动）	shēnghuó	life, livelihood; to live
2. 习惯	（动、名）	xíguàn	to be accustomed to; habit
3. 城	（名）	chéng	city, town
4. 城市	（名）	chéngshì	city, town
5. 还是	（副）	háishi	still, nevertheless
6. 有点儿	（副）	yǒudiǎnr	a little bit
7. 挤	（形、动）	jǐ	crowded, pack; to crowd, to pack
8. 过	（动）	guò	to pass, to spend (time); to cross
9. 节	（名）	jié	festival, holiday; joint
10. 顺便	（副）	shùnbiàn	by the way, conveniently
11. 逛	（动）	guàng	to stroll, to ramble
12. 同	（形）	tóng	same, alike; together
13. 同居	（动）	tóngjū	to live together
14. 误会	（动、名）	wùhuì	to misunderstand; misunderstanding

15. 合	（动）	hé	to join, to combine; to close
16. 或	（连）	huò	or
17. 或者	（连）	huòzhě	or
18. 市	（名）	shì	city
19. 区	（名）	qū	district
20. 幼儿	（名）	yòu'ér	child, infant
21. 幼儿园	（名）	yòu'éryuán	kindergarten, nursery school
22. 接	（动）	jiē	to meet, to take; to connect, to join
23. 星期	（名）	xīngqī	week
24. 星期天	（名）	xīngqītiān	
〔星期日〕		〔xīngqīrì〕	Sunday
25. 等	（动）	děng	to wait
26. 准	（形、副）	zhǔn	accurate, exact; certainly, definitely
27. 准时	（形）	zhǔnshí	on time, on schedule
28. 突然	（形）	tūrán	suddenly
29. 住址	（名）	zhùzhǐ	address
30. 天气	（名）	tiānqì	weather
31. 好处	（名）	hǎochu	benefit, advantage
32. 遇	（动）	yù	to meet
33. 遇见		yùjiàn	to meet, to come across
34. 遇到		yùdào	to run into, to come across
35. 假	（形）	jiǎ	false, fake
36. 真	（形）	zhēn	real, true

37. 半天（名）	bàntiān	half of the day; a long time, quite a while
38. 明白（动、形）	míngbai	to understand, to know; clear, obvious
39. 节日（名）	jiérì	festival, holiday, red-letter day
40. 有用	yǒuyòng	useful
41. 班长（名）	bānzhǎng	class monitor

专 名
Proper Noun

赵林　　　　Zhào Lín　　　　name of person

③ 练 习
Exercises

1. 语音　Pronunciation

　(1) 辨音辨调　Distinguish sounds and tones

　　chéngshì（城市）　　　　dàochù（到处）

　　chéngshí（诚实）　　　　dāngchū（当初）

　　búcuò（不错）　　　　　shùnbiàn（顺便）

　　bú zuò（不做）　　　　　suíbiàn（随便）

　　bīnguǎn（宾馆）　　　　tóngjū（同居）

　　bié guǎn（别管）　　　　tōngjí（通缉）

xīngqī（星期）　　zhǔnshí（准时）

xíngjì（行迹）　　zhǔshí（主食）

shēnghuó（生活）

shēng huǒ（生火）

(2) 双音节声调　Tones of disyllables

xiěde：
- wǒmen（我们）　　nǐmen（你们）
- jiǎozi（饺子）　　yǐzi（椅子）
- xǐhuan（喜欢）　　dǎsuan（打算）
- zǎoshang（早上）　　wǎnshang（晚上）
- lǐbian（里边）　　nuǎnhuo（暖和）
- jiějie（姐姐）　　yǎnjing（眼睛）
- diǎnxin（点心）　　huǒshao（火烧）

kànde：
- bàba（爸爸）　　mèimei（妹妹）
- dìdi（弟弟）　　tàidu（态度）
- yìjian（意见）　　yìsi（意思）
- rènshi（认识）　　gàosu（告诉）
- shìqing（事情）　　gùshi（故事）
- xièxie（谢谢）　　kèqi（客气）
- piàoliang（漂亮）　　yuèliang（月亮）

2. 词语　Words and phrases

(1) 朗读短语　Read the phrases aloud

逛   接

      逛公园   接孩子

     我逛公园   我接孩子

     我去逛公园   我去接孩子

    我跟朋友去逛公园   我去幼儿园接孩子

    我跟朋友一起去逛公园   我要去幼儿园接孩子

   我明天跟朋友一起去逛公园 我现在要去幼儿园接孩子

（2）用下列生词至少组成两个短语　Make at least two phrases with each of the following words

  1）生活 2）习惯 3）城市 4）遇见 5）有用

  6）过   7）接   8）等   9）准   10）准时

  11）明白 12）半天 13）好处 14）真 15）假

（3）用"顺便"完成句子　Complete the sentences with "顺便"

  1）我去商店买东西，＿＿＿＿＿＿＿＿＿＿＿＿＿＿＿。

  2）她去幼儿园接孩子，＿＿＿＿＿＿＿＿＿＿＿＿＿。

  3）他跟朋友一起去逛公园，＿＿＿＿＿＿＿＿＿＿＿。

  4）你去书店买书，＿＿＿＿＿＿＿＿＿＿，好吗？

  5）山本来北京学习汉语，＿＿＿＿＿＿＿＿＿＿＿＿。

  6）金汉成去上海旅行，＿＿＿＿＿＿＿＿＿＿＿＿＿。

（4）用"遇见"或"遇到"完成句子　Complete the sentences with "遇见" or "遇到"

  1）我在城里＿＿＿＿＿＿＿＿＿＿＿＿＿＿＿＿＿＿。

  2）小王在学校门口＿＿＿＿＿＿＿＿＿＿＿＿＿＿＿。

  3）彼得在路上＿＿＿＿＿＿＿＿＿＿＿＿＿＿＿＿＿。

4）艾米在公共汽车上＿＿＿＿＿＿＿＿＿＿＿＿＿＿＿＿。

5）贝拉在剧场门口＿＿＿＿＿＿＿＿＿＿＿＿＿＿＿＿。

6）大内在商店里＿＿＿＿＿＿＿＿＿＿＿＿＿＿＿＿＿。

(5) 用"有点儿"完成句子 Complete the sentences with "有点儿"

1）关上门吧，教室里＿＿＿＿＿＿＿＿＿＿＿＿＿＿。

2）我现在＿＿＿＿＿＿＿＿＿＿＿＿＿＿，想休息休息。

3）我们去那个商店吧，这个商店的东西＿＿＿＿＿＿＿＿
＿＿＿＿＿＿＿＿＿。

4）今天的练习＿＿＿＿＿＿＿＿＿＿＿＿＿，我用了两个小时才做完。

5）我刚来的时候对这儿的天气＿＿＿＿＿＿＿＿＿＿＿＿。

6）我今天头疼，鼻子也＿＿＿＿＿＿＿＿＿＿＿＿＿＿。

(6) 选词填空 Choose the proper word, then fill in the blanks

或者　　还是

1）你去上海＿＿＿＿＿去北京学习汉语？

2）我星期六＿＿＿＿＿星期日去上海。

3）星期日丁兰在宿舍洗衣服＿＿＿＿＿复习课文。

4）我＿＿＿＿＿骑车去，＿＿＿＿＿坐出租车去，我不坐公共汽车。

5）你的朋友是老师＿＿＿＿＿学生？

6）你喜欢吃中国饭＿＿＿＿＿喜欢吃韩国饭？

7）中国饭＿＿＿＿＿韩国饭我都喜欢吃。

8）你去＿＿＿＿＿他去都可以。

375

3. 模仿　Imitate

(1) A：来中国以后，你生活习惯吗？

　　B：<u>还行。我很喜欢这个城市，不过，还是有点儿不太习惯</u>。

　　A：来中国以后，你生活习惯吗？

　　B：<u>习惯。我很喜欢这儿的人，也喜欢这儿的天气</u>。

　　A：来中国以后，你生活习惯吗？

　　B：_____。_____。

(2) A：哪方面不习惯？

　　B：<u>人多。到处都是人，公共汽车上也很挤</u>。

　　A：哪方面不习惯？

　　B：<u>天气。我不习惯这儿的天气，夏天太热</u>。

　　A：哪方面不习惯？

　　B：_____。_____。

(3) A：你住在<u>宾馆</u>，还是住在<u>学校</u>？

　　B：<u>住在学校</u>。

　　A：你住<u>五楼</u>，还是<u>六楼</u>？

　　B：<u>五楼</u>。

A：你住_____，还是_____？

　　B：_____。

(4) A：你自己住一个房间吗？

　　B：<u>不</u>，<u>我跟一个朋友合住</u>。

　　A：你自己住一个房间吗？

　　B：<u>对</u>，<u>我自己住一个房间</u>。

　　A：你自己住一个房间吗？

　　B：_____，_____。

(5) A：有时间来我家玩儿。

　　B：太好了，我现在就有时间。

　　A：对不起，我现在要<u>去幼儿园接孩子</u>，<u>明天</u>是<u>星期六</u>，你<u>明天</u>来可以吗？

　　B：好的。

　　A：有时间来我家玩儿。

　　B：太好了，我现在就有时间。

　　A：对不起，我现在要<u>去看一个朋友</u>，<u>后天</u>是<u>星期日</u>，你<u>后天</u>来可以吗？

　　B：好的。

A：有时间来我家玩儿。

　　B：太好了，我现在就有时间。

　　A：对不起，我现在要_____，____是____，你____来可以吗？

　　B：好的。

(6) A：<u>明天下午三点</u>，我在<u>家</u>等你。

　　B：<u>我会准时到的</u>。

　　A：<u>后天下午两点</u>，我在<u>宿舍</u>等你。

　　B：<u>我一定准时到</u>。

　　A：_____，我在____等你。

　　B：_____。

4. 会话　Conversation

(1) 完成会话　Complete the conversations

1)（金汉成在路上遇见一个刚认识的朋友张林。 On the way, Kim Han-sung meets with a friend called Zhang Lin, whom he has just knows.）

　　张　林：金汉成，你好！

　　金汉成：是张先生！_____？

　　张　林：_____。_____以后，生活习惯吗？

金汉成：_____。

张　林：哪方面不习惯？

金汉成：_____。

张　林：你现在住_____还是
_____？

金汉成：_____。

张　林：有时间去我家玩儿。

金汉成：好的。你家住哪儿？

张　林：_____路_____号。

2）（贝拉在路上遇见丁兰。 On the way, Berra meets with Ding Lan.）

贝　拉：小丁！

丁　兰：是_____，你好！

贝　拉：_____！你骑自行车去哪儿？

丁　兰：我想去_____逛逛。

贝　拉：有时间去我宿舍玩儿。

丁　兰：我现在就_____。

贝　拉：对不起，我现在要_____，
_____是_____，你_____去，可以吗？

丁　兰：好的。你还住_____楼吗？

贝　拉：我还住_____楼
_____号。_____见！

丁　兰：_____见！

（2）按照下列情景，用本课句型谈话　Have a talk on the following topics with the patterns in the text

1）你和你的同学谈生活习惯不习惯。

2）你请你的同学去你宿舍玩儿，告诉他你的住址。

5. 阅读　Reading

有时间来我家玩儿

彼得是美国人。他准备在中国学习五个月。

彼得还不太习惯中国的生活。中国人太多，到处都是人。路上人多，商店里人多，公园里人更多，公共汽车上很挤。过节的时候，车上更挤。

彼得喜欢骑自行车去玩儿。他常常骑车进城买东西，顺便逛逛市区，骑车对身体也有好处。

今天，彼得在路上遇见了赵林，赵林对彼得说："有时间来我家玩儿。"可是他没说他家住在哪儿，彼得想：他是真欢迎还是假欢迎？他说的是客气话还是真心话？想了半天，彼得也没想明白。

（1）回答问题　Answer the questions

1）彼得准备在中国学习几个月？

2）他哪方面还不太习惯？

3）他为什么喜欢骑自行车？

4）彼得今天遇见谁了？

5）赵林没告诉彼得什么？

6）彼得是怎么想的？

（2）朗读课文 Read the text aloud

6. 汉字　Chinese characters

   (1) 写出带"辶"的汉字　Write some characters with the radical of "辶"

   (2) 写出带"土"的汉字　Write some characters with the radical of "土"

   (3) 给下列汉字注音并组词或短语　Write the *Pinyin* of the following characters and make phrases with them

   　　1) 活　　　　2) 或
   　　　 话　　　　　 成
   　　3) 者　　　　4) 齐
   　　　 都　　　　　 挤
   　　5) 居　　　　6) 客
   　　　 剧　　　　　 容

7. 功能会话：听后模仿　Functional conversation：listen then imitate

   (1) 询问性状　Asking about the state

   　　1) A：房间大吗？
   　　　 B：比较大。
   　　2) A：夏天房间里热不热？
   　　　 B：不热。

   (2) 询问动作（1）　Asking about the action（1）

   　　1) A：你现在休息不休息？
   　　　 B：不休息。
   　　2) A：你去不去商店？
   　　　 B：去。

3) A：你买词典不买？

B：买。

(3) 询问兴趣　Asking about the interest

1) A：你对什么工作有兴趣？

B：我对当教师有兴趣。

2) A：你对当翻译有兴趣吗？

B：我对当翻译没有兴趣。

(4) 要求证实（1）　Wanting to confirm（1）

1) A：你对照相不感兴趣，是不是？

B：对，我不喜欢照相。

2) A：你不喜欢唱歌，是不是？

B：对，我不喜欢唱歌。

3) A：你是不是对经商不感兴趣？

B：不是，我对经商很感兴趣。

4) A：你是不是不喜欢旅行？

B：不是，我很喜欢旅行。

(5) 商量/同意或反对　Discussion/agreement or disagreement

1) A：周二、周四下午两点到四点在我的宿舍辅导，行吗？

B：行。

2) A：咱们两个"交换"，怎么样？

B：好。

(6) 邀请/接受或拒绝　Invitation/acceptance or refusal

1) A：欢迎你们去我家玩儿。

B：你看我们什么时候去？

2) A：有时间来我家玩儿。

B：好的。

3) A：明天下午三点，我在家等你。

B：我会准时到的。

4) A：小于，我们明天去公园，好不好？

B：好，明天去公园。

5) A：小于，明天你有空儿吗？

B：什么事儿？

A：我想请你去我家玩儿。

B：你家那么多人，我不想去。

(7) 感谢（2） Thanks (2)

1) A：那叫"同住"或"合住"，不说"同居"。

B：是吗？多谢你的帮助。

2) A：祝你事事顺利！

B：太感谢你们了。

④ 语 法
Grammar

短语的类型 Types of phrases：

一般短语从语法关系上看，可分为以下几种：

Grammatically, the phrases can be classified into the following types：

(1) 主谓短语。如：

The subject-predicate phrase, e.g.

　　他来教室　　　这种书很便宜

(2) 述宾短语。如：

The predicative-object phrase, e.g.

　　去商店　　　　写汉字

(3) 述补短语。如：

The predicative-complement phrase, e.g.

　　写得很好　　　好极了

(4) 偏正短语，包括定心结构和状心结构。如：

The endocentric phrase, including an attributive plus modified word structure and an adverbial plus modified word structure, e.g.

　　我们的学校　　快去

(5) 联合短语。如：

The coordinate phrase, e.g.

　　我和你　　　整齐干净

(6) 复指短语。如：

The appositive phrase, e.g.

　　山本正同学　　　我的朋友方云天

⑤ 汉字表
Table of the stroke order of Chinese characters

汉字 Hànzì	结构与笔顺 jiégòu yǔ bǐshùn						繁体 fántǐ
活	氵						
	舌						
惯	忄						
	贯	毌	ㄥ	口	毌	毌	
		贝					
城	土						
	成						
市	亠						
	巾						
挤	扌						擠
	齐						
节	艹						節
	卩						
逛	狂	犭					
		王					
	辶						
或	戈						
	口	一	戸	戸	式	或	或
	丿						
者							
居							
幼	幺	ㄥ	纟	幺			
	力						
接	扌						
	妾	立					
		女					

星	日								
	生								
期	其	甘	一	十	廿	甘	甘	其	
		八							
	月								
等	⺮								
	寺								
突	穴								
	犬	一	ナ	大	犬				
址	圡								
	止								
遇	禺	丨	口	日	尸	禺	禺	禺	禺
	辶								
	亻								
假	叚	𰀀	𠃌	𰀀	𰀀	𰀀			
		叉	𠃌	𠃌	𠃌				
			又						
林	朩								
	木								

词汇总表

A

| 啊 | (叹) | ā | 17 |
| 哎呀 | (叹) | āiyā | 16 |

B

吧	(助)	ba	4
八	(数)	bā	2
爸爸	(名)	bàba	9
白	(形)	bái	9
班	(名)	bān	12
班长	(名)	bānzhǎng	20
半	(数)	bàn	18
半天	(名)	bàntiān	20
办	(动)	bàn	10
办法	(名)	bànfǎ	7
办公		bàn gōng	11

帮	(动)	bāng	4
帮助	(动)	bāngzhù	8
本	(量)	běn	12
本子	(名)	běnzi	12
鼻子	(名)	bízi	19
比较	(副)	bǐjiào	10
笔	(名、量)	bǐ	12
笔试	(动)	bǐshì	10
边	(名)	biān	5
表	(名)	biǎo	6
别	(副)	bié	6
别人	(代)	biéren	19
宾馆	(名)	bīnguǎn	13
病	(动、名)	bìng	19
不错	(形)	búcuò	18
不过	(连)	búguò	18
不用	(动)	búyòng	17
不	(副)	bù	3
部分	(名)	bùfen	14

C

猜	(动)	cāi	11
才	(副)	cái	18

菜	（名）	cài	18
册	（量、名）	cè	12
层	（量）	céng	13
茶	（名）	chá	19
常	（副）	cháng	6
长	（形）	cháng	17
长寿		cháng shòu	17
唱歌		chàng gē	17
车	（名）	chē	18
城	（名）	chéng	20
城市	（名）	chéngshì	20
成	（动）	chéng	8
吃	（动）	chī	4
出	（动）	chū	14
出生	（动）	chūshēng	16
出租	（动）	chūzū	18
床	（名）	chuáng	6
词	（名）	cí	5
词典	（名）	cídiǎn	12
次	（量）	cì	14
聪明	（形）	cōngming	14
从	（介）	cóng	19
错	（形、名）	cuò	5

D

打	(动)	dǎ	19
打扫	(动)	dǎsǎo	16
打针		dǎ zhēn	19
大	(形)	dà	13
大学	(名)	dàxué	11
带	(动)	dài	18
代表	(动、名)	dàibiǎo	17
大夫	(名)	dàifu	11
单	(形)	dān	12
单间儿	(名)	dānjiānr	13
当	(动)	dāng	15
当然	(副、形)	dāngrán	18
到	(动)	dào	14
到处	(副)	dàochù	19
的	(助)	de	4
得	(助)	de	16
得	(能动)	děi	7
等	(动)	děng	20
地	(名)	dì	18
地方	(名)	dìfang	18
地图	(名)	dìtú	12

弟弟	（名）	dìdi	11
点	（量）	diǎn	14
点儿	（名、量）	diǎnr	13
电	（名）	diàn	15
电视	（名）	diànshì	15
电影	（名）	diànyǐng	15
电影院	（名）	diànyǐngyuàn	15
订	（动）	dìng	13
东西	（名）	dōngxi	16
冬天〔冬季〕	（名）	dōngtiān〔dōngjì〕	13
懂	（动）	dǒng	14
动作	（名）	dòngzuò	16
都	（副）	dōu	9
读	（动）	dú	5
肚子	（名）	dùzi	19
对	（介）	duì	15
对	（形）	duì	11
对不起		duì bu qǐ	14
多	（副）	duō	17
多	（形、代）	duō	6
多少	（代、副）	duōshao	12

E

儿子	（名）	érzi	14
二	（数）	èr	2

F

发烧		fā shāo	19
发音		fā yīn	10
发音	（名）	fāyīn	10
罚	（动）	fá	18
翻译	（名、动）	fānyì	15
饭	（名）	fàn	4
方便	（形、动）	fāngbiàn	14
方法	（名）	fāngfǎ	10
方面	（名）	fāngmiàn	15
房间	（名）	fángjiān	13
非常	（副）	fēicháng	16
封	（量）	fēng	11
幅	（量）	fú	16
服务	（动）	fúwù	13
服务员	（名）	fúwùyuán	13
辅导	（动）	fǔdǎo	14
副	（形）	fù	11

| 复习 | （动） | fùxí | 7 |
| 付 | （动） | fù | 12 |

G

该	（能动）	gāi	17
干净	（形）	gānjìng	16
感谢	（动）	gǎnxiè	15
刚	（副）	gāng	12
钢笔	（名）	gāngbǐ	12
高兴	（形）	gāoxìng	8
哥哥	（名）	gēge	9
个	（量）	gè	8
给	（介、动）	gěi	11
跟	（介、连）	gēn	10
更	（副）	gèng	14
工厂	（名）	gōngchǎng	11
工人	（名）	gōngrén	11
工作	（动、名）	gōngzuò	11
公共	（形）	gōnggòng	18
公司	（名）	gōngsī	11
公园	（名）	gōngyuán	9
狗	（名）	gǒu	11
姑娘	（名）	gūniang	19

怪	（动、形、副）	guài	16
怪不得		guài bu de	16
关	（动）	guān	17
关系	（名）	guānxi	16
逛	（动）	guàng	20
贵	（形）	guì	3
贵姓		guì xìng	3
国	（名）	guó	4
果园	（名）	guǒyuán	18
过	（动）	guò	20

H

哈哈	（象声）	hāhā	6
还	（副）	hái	7
还是	（连）	háishi	13
还是	（副）	háishi	20
孩子	（名）	háizi	19
喊	（动）	hǎn	17
好	（形）	hǎo	2
好	（副）	hǎo	7
好吃	（形）	hǎochī	13
好处	（名）	hǎochu	20
好久		hǎo jiǔ	7

好看	（形）	hǎokàn	9
号	（量、名）	hào	13
呵	（叹）	hē	16
喝	（动）	hē	3
河	（名）	hé	18
和	（连、介）	hé	9
合	（动）	hé	20
合适	（形）	héshì	13
黑板	（名）	hēibǎn	12
很	（副）	hěn	4
红	（形）	hóng	9
猴	（名）	hóu	16
后(边)	（名）	hòu(bian)	18
后天	（名）	hòutiān	13
互相	（副）	hùxiāng	8
花	（名）	huā	9
话	（名）	huà	17
画	（动）	huà	19
画儿	（名）	huàr	16
欢迎	（动）	huānyíng	8
环境	（名）	huánjìng	18
恢复	（动）	huīfù	19
回	（动）	huí	6

回答	（动）	huídá	8
会	（动、能动）	huì	12
或	（连）	huò	20
或者	（连）	huòzhě	20

J

吉利	（形）	jílì	17
极	（副）	jí	7
极了		jí le	7
挤	（形、动）	jǐ	20
几	（代）	jǐ	11
寄	（动）	jì	16
记	（动）	jì	5
家	（名、量）	jiā	9
家庭	（名）	jiātíng	11
假	（形）	jiǎ	20
简单	（形）	jiǎndān	13
见	（动）	jiàn	6
件	（量）	jiàn	13
健康	（形）	jiànkāng	17
交	（动）	jiāo	11
交换	（动）	jiāohuàn	14
郊	（名）	jiāo	18

郊区	（名）	jiāoqū	18
教	（动）	jiāo	14
教师	（名）	jiàoshī	15
教室	（名）	jiàoshì	14
教学	（名）	jiàoxué	11
叫	（动）	jiào	3
接	（动）	jiē	20
街	（名）	jiē	18
阶段	（名）	jiēduàn	14
节	（名）	jié	20
节日	（名）	jiérì	20
结束	（动）	jiéshù	15
姐姐	（名）	jiějie	11
介绍	（动）	jièshào	8
斤	（量）	jīn	13
今年	（名）	jīnnián	19
今天	（名）	jīntiān	11
紧张	（形）	jǐnzhāng	7
近	（形）	jìn	5
进	（动）	jìn	16
进步	（动、名、形）	jìnbù	15
进行	（动）	jìnxíng	15
经理	（名）	jīnglǐ	11
警察	（名）	jǐngchá	18

久	（形、名）	jiǔ	7
九	（数）	jiǔ	2
就	（副、介）	jiù	12
句	（名、量）	jù	10
句子	（名）	jùzi	10
剧场	（名）	jùchǎng	18
觉得	（动）	juéde	10

K

开	（动）	kāi	17
开始	（动）	kāishǐ	14
看	（动）	kàn	6
考虑	（动）	kǎolǜ	13
咳嗽	（动）	késou	19
可	（连）	kě	10
可爱	（形）	kě'ài	16
可是	（连）	kěshì	10
可以	（能动、形）	kěyǐ	12
客气	（形）	kèqi	8
课	（名、量）	kè	7
课文	（名）	kèwén	5
空调	（名）	kōngtiáo	13
空儿	（名）	kòngr	8
口	（名、量）	kǒu	11

口试	（动）	kǒushì	10
口语	（名）	kǒuyǔ	14
块	（量）	kuài	13
快	（形）	kuài	15
快乐	（形）	kuàilè	17
款	（名）	kuǎn	18

L

蜡烛	（名）	làzhú	16
啦	（助）	la	16
来	（动）	lái	4
劳驾		láo jià	12
老	（头）	lǎo	14
老	（形）	lǎo	17
老人	（名）	lǎorén	17
老师	（名）	lǎoshī	3
了	（助）	le	3
累	（形）	lèi	3
冷	（形）	lěng	13
离	（介、动）	lí	18
里	（量）	lǐ	9
里（边）	（名）	lǐ(bian)	9
礼物	（名）	lǐwù	16
历史	（名）	lìshǐ	15

练	（动）	liàn	7
练习	（名、动）	liànxí	7
凉快	（形）	liángkuai	13
两	（数）	liǎng	12
聊天儿		liáo tiānr	15
了解	（动）	liǎojiě	15
留学		liú xué	15
留学生	（名）	liúxuéshēng	15
流利	（形）	liúlì	16
六	（数）	liù	2
楼	（名）	lóu	8
路	（名）	lù	9
录音		lù yīn	10
录音	（名）	lùyīn	10
录音机	（名）	lùyīnjī	18
旅行	（动）	lǚxíng	15

M

妈妈	（名）	māma	9
吗	（助）	ma	3
买	（动）	mǎi	6
慢	（形）	màn	15
忙	（形）	máng	4
没	（动）	méi	16

没(有)	(副)	méi(you)	7
没关系		méi guānxi	16
每	(代)	měi	5
妹妹	(名)	mèimei	11
门	(名)	mén	17
明白	(动、形)	míngbai	20
明天	(名)	míngtiān	9
名字	(名)	míngzi	8
母亲	(名)	mǔqīn	19
目的	(名)	mùdì	15

N

哪	(代)	nǎ	4
哪儿	(代)	nǎr	7
那	(代)	nà	5
那儿	(代)	nàr	6
那么	(代)	nàme	9
奶奶	(名)	nǎinai	9
南方	(名)	nánfāng	15
男	(形)	nán	11
男生	(名)	nánshēng	14
难	(形)	nán	10
呢	(助)	ne	4
能	(能动)	néng	15

你	（代）	nǐ	2
你们	（代）	nǐmen	2
年	（名）	nián	16
年级	（名）	niánjí	12
年纪	（名）	niánjì	14
年龄	（名）	niánlíng	19
年轻〔年青〕	（形）	niánqīng	14
念	（动）	niàn	5
您	（代）	nín	2
女	（形）	nǚ	11
女儿	（名）	nǚ'ér	14
女生	（名）	nǚshēng	14
暖和	（形）	nuǎnhuo	13
暖气	（名）	nuǎnqì	13

P

旁（边）	（名）	páng(biān)	18
跑	（动）	pǎo	16
朋友	（名）	péngyou	4
篇	（量）	piān	16
便宜	（形）	piányi	6
漂亮	（形）	piàoliang	17
苹果	（名）	píngguǒ	13

Q

七	(数)	qī	2
骑	(动)	qí	18
汽车	(名)	qìchē	18
铅笔	(名)	qiānbǐ	12
钱	(名)	qián	12
钱包	(名)	qiánbāo	18
前(边)	(名)	qián(bian)	18
前天	(名)	qiántiān	13
墙	(名)	qiáng	18
敲	(动)	qiāo	17
清楚	(形、动)	qīngchu	16
情况	(名)	qíngkuàng	8
请	(动)	qǐng	8
请客		qǐng kè	12
请问	(动)	qǐngwèn	8
区	(名)	qū	20
去	(动)	qù	6
全	(形、副)	quán	17

R

让	(动)	ràng	17
热	(形)	rè	13

人	（名）	rén	3
人民	（名）	rénmín	13
认识	（动）	rènshi	4
认为	（动）	rènwéi	15
日	（名）	rì	19
容易	（形）	róngyi	10
如意		rúyì	17

S

三	（数）	sān	2
嗓子	（名）	sǎngzi	19
嫂子	（名）	sǎozi	9
山	（名）	shān	18
商店	（名）	shāngdiàn	6
上（边）	（名）	shàng(bian)	6
上（课）	（动）	shàng(kè)	12
上午	（名）	shàngwǔ	12
少	（形）	shǎo	12
身体	（名）	shēntǐ	7
什么	（代）	shénme	4
神圣	（形）	shénshèng	15
声调	（名）	shēngdiào	10
生	（形）	shēng	5
生词	（名）	shēngcí	5

生活	（名、动）	shēnghuó	20
生日	（名）	shēngri	16
十	（数）	shí	2
时候	（名）	shíhou	10
时间	（名）	shíjiān	14
食堂	（名）	shítáng	6
世界	（名）	shìjiè	12
事	（名）	shì	9
是	（动）	shì	3
市	（名）	shì	20
室	（名）	shì	14
试	（动）	shì	10
收拾	（动）	shōushi	16
手	（名）	shǒu	6
手表	（名）	shǒubiǎo	6
寿	（名）	shòu	17
书	（名）	shū	6
书店	（名）	shūdiàn	6
书架	（名）	shūjià	6
舒服	（形）	shūfu	19
属	（动）	shǔ	16
数	（动）	shǔ	17
数	（名）	shù	17
数字	（名）	shùzì	17

双	（量、形）	shuāng	13
谁	（代）	shuí	11
水	（名）	shuǐ	18
水果	（名）	shuǐguǒ	16
顺便	（副）	shùnbiàn	20
顺利	（形）	shùnlì	17
说	（动）	shuō	5
四	（数）	sì	2
送	（动）	sòng	12
速	（形）	sù	8
速成	（形）	sùchéng	8
宿舍	（名）	sùshè	8
随便	（副）	suíbiàn	19
岁	（量）	suì	19

T

他	（代）	tā	2
他们	（代）	tāmen	2
她	（代）	tā	2
她们	（代）	tāmen	2
太	（副）	tài	4
谈	（动）	tán	11
特别	（副、形）	tèbié	15
疼	（形）	téng	19

体温	（名）	tǐwēn	19
天	（名）	tiān	5
天气	（名）	tiānqì	20
条	（量）	tiáo	18
听	（动）	tīng	10
听力	（名）	tīnglì	14
听说		tīng shuō	18
听写	（动）	tīngxiě	10
通	（动、形）	tōng	19
通知	（名、动）	tōngzhī	16
同	（形）	tóng	20
同居	（动）	tóngjū	20
同学	（名）	tóngxué	8
头	（名）	tóu	19
突然	（形）	tūrán	20
图	（名）	tú	7
图书馆	（名）	túshūguǎn	7
兔	（名）	tù	16

W

外(边)	（名）	wài(bian)	18
外语〔外文〕	（名）	wàiyǔ〔wàiwén〕	8
玩儿	（动）	wánr	8
完	（动）	wán	15

完全	（形、副）	wánquán	10
晚会	（名）	wǎnhuì	16
晚上	（名）	wǎnshang	5
万	（数）	wàn	17
万事	（名）	wànshì	17
位	（量）	wèi	8
为	（介）	wèi	11
为什么		wèi shénme	11
温度	（名）	wēndù	19
文化	（名）	wénhuà	19
文章	（名）	wénzhāng	16
问	（动）	wèn	8
问题	（名）	wèntí	15
我	（代）	wǒ	2
我们	（代）	wǒmen	2
五	（数）	wǔ	2
误会	（动、名）	wùhuì	20

X

西瓜	（名）	xīguā	19
习惯	（动、名）	xíguàn	20
喜欢	（动）	xǐhuan	13
洗	（动）	xǐ	16
系	（名）	xì	12

下	（动）	xià	7
下(边)	（名）	xià(bian)	18
下午	（名）	xiàwǔ	12
夏天〔夏季〕	（名）	xiàtiān〔xiàjì〕	13
先生	（名）	xiānsheng	13
现在	（名）	xiànzài	12
想	（动、能动）	xiǎng	9
相	（名）	xiàng	19
小	（形、头）	xiǎo	9
小姐	（名）	xiǎojie	13
小时	（名）	xiǎoshí	14
小学	（名）	xiǎoxué	11
校	（名）	xiào	11
校长	（名）	xiàozhǎng	11
笑	（动）	xiào	19
写	（动）	xiě	5
谢	（动）	xiè	5
心	（名）	xīn	17
新	（形）	xīn	17
新年	（名）	xīnnián	17
信	（名）	xìn	11
星期	（名）	xīngqī	20
星期天〔星期日〕	（名）	xīngqītiān〔xīngqīrì〕	20

行	（形、动）	xíng	7
姓	（名、动）	xìng	3
幸福	（形）	xìngfú	17
兴趣	（名）	xìngqù	15
修	（动）	xiū	19
修理	（动）	xiūlǐ	19
休息	（动）	xiūxi	7
学	（动）	xué	7
学生	（名）	xuésheng	8
学习	（动、名）	xuéxí	7
学校	（名）	xuéxiào	8
学院	（名）	xuéyuàn	8

Y

呀	（助）	ya	12
研究	（动）	yánjiū	11
研究生	（名）	yánjiūshēng	11
样儿	（名）	yàngr	13
药	（名）	yào	19
要	（连）	yào	15
要	（能动、动）	yào	7
要是	（连）	yàoshi	15
爷爷	（名）	yéye	9
也	（副）	yě	4

一	（数）	yī	2
衣服	（名）	yīfu	13
医院	（名）	yīyuàn	11
一定	（副）	yídìng	10
一共	（副）	yígòng	4
一切	（代）	yíqiè	17
一下儿	（数量）	yíxiàr	8
一样	（形）	yíyàng	10
遗憾	（形）	yíhàn	17
已	（副）	yǐ	16
已经	（副）	yǐjīng	16
以后	（名）	yǐhòu	8
以上	（名）	yǐshàng	13
以下	（名）	yǐxià	13
一边…一边…		yìbiān…yìbiān…	10
一起	（副、名）	yìqǐ	9
一些	（数）	yìxiē	18
意思	（名）	yìsi	10
音乐	（名）	yīnyuè	16
饮料	（名）	yǐnliào	19
营业	（动）	yíngyè	12
营业员	（名）	yíngyèyuán	12
哟	（叹）	yō	19
永远	（副、形）	yǒngyuǎn	17

用	（动、介、名）	yòng	10
有	（动）	yǒu	5
有点儿	（副）	yǒudiǎnr	20
有意思		yǒu yìsi	15
有用		yǒu yòng	20
又	（副）	yòu	14
右（边）	（名）	yòu(bian)	18
幼儿	（名）	yòu'ér	20
幼儿园	（名）	yòu'éryuán	20
语法	（名）	yǔfǎ	14
语言	（名）	yǔyán	8
语音	（名）	yǔyīn	10
遇	（动）	yù	20
遇到		yù dào	20
遇见		yù jiàn	20
预订	（动）	yùdìng	13
预习	（动）	yùxí	7
元	（量）	yuán	13
原因	（名）	yuányīn	15
圆珠笔	（名）	yuánzhūbǐ	12
远	（形、名）	yuǎn	9
院长	（名）	yuànzhǎng	11

Z

再	（副）	zài	7
再见		zài jiàn	7
在	（动、介）	zài	5
糟糕	（形）	zāogāo	16
早	（形）	zǎo	19
造	（动）	zào	10
怎么	（代）	zěnme	10
怎么样	（代）	zěnmeyàng	7
张	（量）	zhāng	12
着急		zháojí	6
找	（动）	zhǎo	6
照	（动）	zhào	19
这	（代）	zhè	4
这儿	（代）	zhèr	6
这么	（代）	zhème	9
着	（助）	zhe	18
真	（副）	zhēn	14
真	（形）	zhēn	20
整齐	（形）	zhěngqí	16
正	（副）	zhèng	10
正常	（形）	zhèngcháng	19
正在	（副）	zhèngzài	16

支	（量）	zhī	12
只	（量）	zhī	11
知	（动）	zhī	12
知道	（动）	zhīdao	12
职业	（名）	zhíyè	15
职员	（名）	zhíyuán	11
只	（副）	zhǐ	9
只是	（副）	zhǐshì	15
中间	（名）	zhōngjiān	19
中学	（名）	zhōngxué	11
种	（量）	zhǒng	12
周	（量）	zhōu	13
主妇	（名）	zhǔfù	11
主任	（名）	zhǔrèn	11
主意	（名）	zhǔyi	14
住	（动）	zhù	8
住址	（名）	zhùzhǐ	20
注意	（动）	zhùyì	7
祝	（动）	zhù	17
准	（形、副）	zhǔn	20
准备	（动）	zhǔnbèi	15
准时	（形）	zhǔnshí	20
桌子	（名）	zhuōzi	6
自己	（代）	zìjǐ	19

自行车	（名）	zìxíngchē	18
走	（动）	zǒu	6
最	（副）	zuì	5
最好		zuì hǎo	13
最近	（名）	zuìjìn	5
昨天	（名）	zuótiān	9
左（边）	（名）	zuǒ (bian)	18
做（作）	（动）	zuò	5
作业	（名）	zuòyè	5
坐	（动）	zuò	17
座	（量）	zuò	18

专　名

A

阿拉伯语〔阿拉伯文〕	Ālābóyǔ〔Ālābówén〕	14
艾米	Àimǐ	3

B

白华	Bái Huá	3
北京	Běijīng	14
贝拉	Bèilā	11

| 彼得 | Bǐdé | 15 |

D

大内上子	Dànèi Shàngzǐ	3
德语〔德文〕	Déyǔ〔Déwén〕	14
丁兰	Dīng Lán	9

E

| 俄语〔俄文〕 | Éyǔ〔Éwén〕 | 14 |

F

法语〔法文〕	Fǎyǔ〔Fǎwén〕	14
方龙	Fāng Lóng	3
方云天	Fāng Yúntiān	8

H

海伦	Hǎilún	11
韩国	Hánguó	15
汉日词典	Hàn-Rì Cídiǎn	12
汉英词典	Hàn-Yīng Cídiǎn	17
汉语	Hànyǔ	8
汉字	Hànzì	5

J

金汉成	Jīn Hànchéng	15

L

李	Lǐ	14

M

马	Mǎ	14
美国	Měiguó	3
美元	Měiyuán	13

R

人民币	Rénmínbì	13
日本	Rìběn	8
日汉词典	Rì-Hàn Cídiǎn	12
日语〔日文〕	Rìyǔ〔Rìwén〕	8

S

山本正	Shānběn Zhèng	3
上海	Shànghǎi	15

W

| 王才 | Wáng Cái | 8 |
| 王欢 | Wáng Huān | 4 |

X

| 西班牙语〔西班牙文〕 | Xībānyáyǔ〔Xībānyáwén〕 | 14 |

Y

意大利	Yìdàlì	15
意大利语〔意大利文〕	Yìdàlìyǔ〔Yìdàlìwén〕	14
英汉词典	Yīng-Hàn Cídiǎn	17
英语〔英文〕	Yīngyǔ〔Yīngwén〕	14
于	Yú	14

Z

张	Zhāng	14
赵	Zhào	14
赵林	Zhào Lín	20
中国	Zhōngguó	4
中文	Zhōngwén	6

练习参考答案

第 11 课

2. 词语

(3) 填空

1) 个　2) 位　3) 封　4) 口　5) 位　6) 个、个

3. 句型

(2) 回答问题

1) 我爸爸不是老师，他是大夫。

2) 我妈妈不是大夫，她是老师。

3) 我哥哥不是大学老师，他是中学老师。

4) 我姐姐不是中学老师，她是小学老师。

5) 我弟弟不是学生，他是工人。

6) 这不是我的书，是山本的书。

7) 这不是山本的桌子，是大内的桌子。

8) 这不是艾米的床，是贝拉的床。

9) 这不是丁兰的宿舍，是艾米的宿舍。

10) 这不是王才的作业，是方云天的作业。

8. 汉字

(1) 写出带"女"的汉字

好、妈、姐、妹、奶、嫂、她、姓、妇、要、楼

(2) 写出带"讠"的汉字

词、读、记、课、试、请、说、谁、谈、语、谢、调、认、识

第 12 课

2. 词语

(4) 填入适当量词，然后用"几"或"多少"提问

1) 我家有五口人。你家有几口人？

2) 我买两张世界地图。你买几张世界地图？

3) 我们班有十二个学生。你们班有多少学生？

4) 我们系有二十八位老师。你们系有多少老师？

5) 王才有两本《汉日词典》。王才有几本《汉日词典》？

6) 贝拉有一只小狗。贝拉有几只小狗？

7) 我们每天学习一课书。你们每天学习几课书？

8) 我想买四十本中文书。你想买多少本中文书？

6. 阅读

(2) 判别正误

1) ✗ 2) ✗ 3) ✗ 4) ✗ 5) ✓

7. 汉字

(1) 写出带"氵"的汉字

法、汉、没、注、海

(2) 写出带"钅"的汉字

错、钢、铅、钱

第 13 课

7. 汉字

(1) 写出带"口"的汉字

口、别、吃、常、词、副、员、高、哥、跟、给、狗、司、语、喝、哈、回、答、和、合、适、后、号、叫、绍、句、就、容、客、可、调、路、驾、凉、吗、名、哪、问、况、铅、只、识、商、店、架、堂、舍、同、听、信、喜、言、研、呀、营、圆、做、吧、造、职、呢、说、知、点、周

(2) 写出带"日"的汉字

错、得、都、间、复、音、是、简、明、暖、易、时、昨、晚、喝、意

第 14 课

2. 词语

(3) 把下列词语连成句子

1) 谁教他们英语?

2) 你们班谁最聪明?

3) 交换是什么意思?

4) 我们什么时候开始辅导?

5) 你去教室还是去图书馆?

6) 他喜欢儿子还是女儿?

7) 请你给我出一个主意。

8) 晚上去女生宿舍辅导不太方便。

7. 汉字

(1) 写出带"纟"的汉字

给、红、练、绍、经、纪、级

(2) 写出带"木"的汉字

板、极、楼、校、样、床、架、桌、休、想、相、李

第 15 课

6. 汉字

(1) 写出带"亻"的汉字

什、付、化、休、体、件、位、信、任、作、伦、做、他、你、们、住、您、便、准、谁、俄、代

(2) 写出带"彳"的汉字

得、很、行、彼、德

第 16 课

2. 词语

(3) 用"怪不得"完成对话

1) 怪不得他英语说得那么好。

2) 怪不得她日语说得跟日本人一样。

3) 怪不得他对北京那么了解。

4) 怪不得他对意大利很了解。

5) 怪不得她进步得那么快。

6) 怪不得他的身体那么好。

3. 句型

(2) 把下列词语连成句子

1) 晚会准备好了吗?

2) 信还没写完呢。

3) 衣服洗得很干净。

4) 他对北京的情况了解得很多。

5) 宿舍打扫得不太干净。

6) 他进步得很快。

7) 这个动作是什么意思？

8) 老师通知我们下午有辅导。

9) 这篇文章的意思很容易懂。

10) 这个音乐的意思不难懂。

7. 汉字

（1）写出带"扌"的汉字

打、扫、拾、换、找、热、啦

（2）写出带"冫"的汉字

冷、凉、况、净、习、准

第 17 课

7. 汉字

（1）写出带"礻"的汉字

礼、福、祝、视、神

（2）写出带"忄"的汉字

情、懂、怪、快、忙、慢、憾

第 18 课

3. 句型

（2）连线

桌子上有一本词典。（词典在桌子上。）

书架上有一个录音机。（录音机在书架上。）

我家前边有一条河。（河在我家前边。）

商店旁边有一个剧场。（剧场在商店旁边。）

钱包里没有钱。（钱没在钱包里。）

办公室里没有老师。（老师没在办公室。）

我左边是金汉成。（我在金汉成的右边。）

我后边是方云天。（我在方云天的前边。）

7. 汉字

(1) 写出带"王"的汉字

班、环、玩、理、珠

(2) 写出带"宀"的汉字

字、家、室、寄、空、容、客、宜、完、究、定、宿、院、馆、察、宾

第 19 课

2. 词语

(3) 用"到处"改写句子

1) 这个学校不大，可是到处都干干净净。

2) 上海到处是人，坐车住房都不方便。

3) 商店里到处是人，买东西很不方便。

4) 他的手表不见了，到处都找了，也没找到。

5) 这种花儿公园里到处都有。

6) 到处都有修自行车的。

(4) 用"随便"改写句子

1) 你们随便吃。

2) 你们随便喝。

3) 你们随便坐。

4) 现在是上课，不能随便说话。

5) A：你喝什么？

　　B：随便。

6) A：你用哪支钢笔？

　　B：随便。

7. 汉字

(1) 写出带"艹"的汉字

花、茶、菜、英、劳、苹、营、药、懂、警、艾、哎

(2) 写出带"⺮"的汉字

笔、笑、篇、答、简

第20课

6. 汉字

(1) 写出带"辶"的汉字

还、过、近、远、进、适、边、逛、通、造、遇、这、遗、速、送、道、迎

(2) 写出带"土"的汉字

块、墙、城、地、址、场、境